Le grand

renversement

spirituel

D0861264

Du même auteur

Perdre Dieu, Éditions de Mortagne, 1996

La prière de l'âme, Louise Courteau éditrice (épuisé)

Visions d'outre-vie, Louise Courteau éditrice (épuisé)

Paysages intérieurs, (poésie sur Dieu disponible sur cassette audio, à commander directement chez l'auteur : 12,95 $)

Le grand renversement *spirituel*

Roger Bouchard

Éditions de Mortagne

Données de catalogage avant publication (Canada)

Bouchard, Roger, 1949-

Le grand renversement spirituel

ISBN 2-89074-842-1

1. Spiritualité. 2. Expérience (Religion). I. Titre

BL624.B67 1996   291.4'4   C96-940759-9

Édition
Les Éditions de Mortagne
250, boul. Industriel, bureau 100
Boucherville (Québec)
J4B 2X4

Diffusion
Tél.: (514) 641-2387
Téléc.: (514) 655-6092

Conception graphique
Nathalie Heurion

Dépôt légal
Bibliothèque nationale du Canada
Bibliothèque nationale du Québec
Bibliothèque Nationale de France
3e trimestre 1996

ISBN: 2-89074-842-1

1 2 3 4 5 - 96 - 00 99 98 97 96

Imprimé au Canada

Table des matières

Note de l'auteur

Ce que j'ai voulu communiquer avec **Le grand renversement spirituel** n'a pas été inspiré par la pensée ordinaire. Car l'expérience spirituelle produit en soi le plus incroyable bouleversement : les modes de la pensée active, qui nous sont si familiers et par lesquels nous «pensons» notre vie, s'effacent complètement pour être remplacés par le silence de l'âme.

À partir de la nouvelle réalité qui fait suite à cette expérience, plus rien n'est vu désormais sous le même jour qu'auparavant. On découvre que tout ce qu'on avait cru être la spiritualité n'était en fait qu'une idée, une image, une représentation du divin, une somme de concepts ou de croyances, et non pas l'illumination elle-même.

Ce livre traite essentiellement du silence de l'âme et de ses modes infinis d'action. Il faut cependant savoir que ce n'est pas en lisant sur l'âme que l'on peut connaître cet état unique de la conscience. Pas plus que le fait de parler de la Lune équivaille à marcher sur sa surface. Le voyage doit être entrepris concrètement pour que l'on puisse un jour évoluer sur ce satellite de la Terre.

De même, il faut fermer les yeux et pratiquer la méditation matin et soir pendant plusieurs années si l'on veut se familiariser avec la réalité du silence de l'âme. Alors seulement pourrons-nous comprendre ce que veulent réellement dire les paroles qui décrivent cette expérience de transcendance.

Si vous désirez profiter au maximum de la lecture des pages qui suivent, ne cherchez pas à analyser intellectuellement le contenu des textes. Lisez chaque phrase sans chercher à la comprendre et sans y mettre d'efforts, comme si vous écoutiez de la musique pour vous détendre. Les indications d'ordre spirituel qui y sont données ne se retrouvent pas vraiment dans les mots ni dans la logique des phrases elles-mêmes, mais plutôt dans la somme de silence qui les imprègne.

Le lecteur devrait faire abstraction de ce qu'il connaît déjà de la prière, de l'âme et de Dieu. En se mettant dans un état d'esprit neuf et réceptif, il appréciera réellement ce qui est décrit ici. C'est le silence qui a voulu dire les mots qui sont contenus dans ces pages. C'est l'âme qui a tenté d'exprimer ainsi sa propre dimension spirituelle.

Cette lecture se déroulera comme un voyage, alors qu'on se laisse surprendre par les paysages inattendus qui surgissent devant soi sur la route. L'impression alors produite est celle qui est créée par les paysages eux-mêmes et non pas celle qui découlerait d'une analyse critique ou comparative, ou de quelque autre manipulation d'ordre intellectuel.

Lorsqu'un paragraphe captera plus particulièrement votre attention, arrêtez-vous un moment; prenez le temps de le parcourir à nouveau, mais, cette fois, en le lisant à voix basse. C'est exactement de cette manière que chacun des textes qui composent cet ouvrage a été capté en tout premier lieu, sur une bande magnétique.

Sous la surface des mots a été structuré un certain pouvoir qui fait prendre conscience de l'âme. Voilà ce que j'ai cherché à insérer dans ce petit livre. Et voilà, je l'espère, ce que le lecteur aura le plaisir de découvrir.

Le 1er septembre 1993
Ottawa, Canada

1
L'âme prie

L'ÂME EXISTAIT BIEN AVANT NOTRE NAISSANCE. Ce sont ses paroles d'abondance qui nous ont donné le goût de venir au monde. Si nous ignorons l'expérience du silence de l'âme, nous sommes condamnés au labyrinthe de la souffrance; malgré toutes nos tentatives pour l'obtenir, la réelle signification du bonheur nous échappera jusqu'à la fin.

L'âme irradie une beauté sans égale! Tous les horizons y sont rassemblés; toutes les destinations y sont réunies. L'âme est le jardin de notre paradis; elle est notre lumière intérieure, la félicité originelle de notre être.

L'intensité de l'amour qui surgit de l'âme ne peut être exprimée avec des mots humains. Il faudrait parler le langage des galaxies pour en faire connaître la profondeur et la pureté. Même les trésors les plus précieux que pourrait receler une planète ne sont rien à côté de l'abondance de l'âme.

Saisir une étoile dans sa main comme une fleur de pur plaisir, observer l'univers à distance, comme on suivrait dans le noir la course d'un insecte de lumière, parcourir des espaces vierges, inimaginables, traverser des soleils vifs, percevoir la plus fine particule dans sa course sensible, tout cela n'est rien. Car l'âme dépasse de plusieurs milliards de fois la somme de tous ces possibles!

Les soleils de l'univers ont beau briller de toute leur force, ils ne sont que de minuscules points de clarté dans les ténèbres cosmiques. Mais La lumière qui vient de l'âme n'a rien de matériel. Sa clarté est infinie, omniprésente; elle n'a nul besoin de se déplacer pour être ailleurs. L'intelligence universelle de Dieu est cette lumière parfaite, et le regard de Dieu irradie cette clarté dans l'ensemble des galaxies.

Connaître l'âme, c'est aimer sans voir la fin de cet amour. C'est vivre la somme de toutes les existences et de tous les destins. Aucun matin de galaxie, aucune beauté du visage ne peut approcher un seul regard à l'intérieur de l'âme.

Dieu a choisi Son paradis, et c'est à l'intérieur de notre âme qu'Il désire le plus habiter. Celle-ci porte l'empreinte de Son passage immortel, elle garde la trace de Ses pas invincibles. Notre âme parle à Dieu à travers tout ce qui existe.

Pendant que nous dormons la nuit, et aussi tout au long de la journée, notre âme prie sans bruit, sans prononcer une seule parole. Elle prie des phrases qui sont des baisers sur l'infini. Elle produit des sons qu'aucun langage humain ne pourra jamais expliquer. Elle prie des paroles d'aube et d'amitié; elle fait monter en soi les océans de la félicité.

Quelles que soient les caractéristiques de notre corps et de notre personnalité, quelles que soient nos faiblesses, nos limites, les circonstances de notre vie, l'âme nous accepte, tels que nous sommes, sans exception. Nous pouvons rejeter certaines personnes, mais ce n'est certainement pas l'âme qui agit ainsi. L'omniprésence ne peut mettre de côté ce qui l'habite. L'âme ne peut voir des étrangers en rien et en personne. Aucune vague n'est plus importante qu'une autre sur la courbe des choses créées.

Il y a des prières qui s'élèvent directement dans l'air à partir des molécules. Lorsqu'un papillon veut connaître la route de sa migration, lorsqu'un arbre rend grâce pour le retour des saisons, lorsqu'une chenille ou une gazelle s'instruit sur le sens de sa vie, c'est dans leur âme que tous ces êtres parlent à l'univers.

Voilà pourquoi notre âme connaît intimement les prières des végétaux et des minéraux, qu'elle exprime celles des planètes, des étoiles et des objets cosmiques. Tout ce qui naît se forme d'abord à l'intérieur de notre âme, et tout ce qui s'achève retourne en elle.

Personne ne peut dire que la spiritualité soit la propriété exclusive des humains; encore moins de certains groupes d'humains, de croyants ou de gens se disant élus ou choisis. La spiritualité n'a besoin d'aucune de ces limites, non plus que de notre étroitesse d'esprit, puisqu'elle recouvre et accepte la totalité de l'existence universelle. Personne ne peut être exclu de l'Omniprésence divine.

C'est dans le silence de notre âme que se réalise à chaque instant, et de tous les lieux simultanément, le merveilleux mélange de toutes les autres âmes de la création. Dès que l'on touche à cette dimension silencieuse de la spiritualité de l'âme, la pensée humaine se tait devant cette infinie compréhension qui n'a nul besoin de phrases. On voit alors s'élever de notre silence intérieur les paroles qui expriment le langage parfait de la création, les mots que Dieu Lui-même murmure à notre oreille.

2
Priez votre silence

RIEZ LE DIEU DE VOTRE ÂME à l'intérieur de votre temple de silence. Priez le Dieu de votre âme à travers tous les objets créés. Et priez ce Dieu sans prononcer une seule parole.

Priez dans votre âme avec les paroles silencieuses et infinies de l'âme. Ne priez pas dans un seul et unique endroit, mais priez en tout lieu, car il accueille l'omniprésence de votre âme. Priez sans savoir, priez sans voir, priez sans entendre, priez sans rien dire. Priez sans croire, dans ce lieu intérieur où vous ne saurez plus rien de ce que les humains osent savoir. Priez en silence à l'intérieur du silence. C'est là que Dieu se tient.

Le patriotisme religieux est si violent: chaque croyance s'oppose sans fin aux autres croyances. Les épanchements émotionnels aussi bien que les rituels fervents sont fragiles comme des maisons de papier. Depuis des millénaires, on n'a enseigné sur Dieu que des mots, que des paroles, que des fragments de divinité. Jamais on n'a pu transmettre l'expérience du silence total, là où se trouve l'au-delà de nos têtes et de nos croyances.

Priez Dieu dans Sa totalité à l'intérieur du silence sans nom. Découvrez en vous-même l'omniprésence qui est celle de votre âme, et voyez en elle l'Omniprésence formidable de Dieu. Découvrez en votre silence l'omniscience de votre âme, et là, voyez-y l'Omniscience incroyable de Dieu. Découvrez en votre âme l'omnipotence de l'âme, et vivez l'Omnipotence de Dieu, qui est l'action de Son silence en tout lieu, et simultanément.

L'âme agit sur le silence. Elle a déjà tout accompli puisqu'elle a atteint le but de toute existence : être la totalité.

Cessons nos prières, qui ne sont que des mots, et ne disons plus rien. Les paroles incessantes ne sont bonnes que pour le bruit. Elles sont les tourbillons de nos fatigues qui perturbent le ciel de notre quotidien. Mais sachons le silence infini des saints!

Dieu est silence. C'est à l'intérieur de Son silence qu'il nous donne ce qui Lui est le plus précieux et le plus intime, et non pas ce que nous Lui demandons. Suspendons nos paroles et laissons-Le nous parler. Une seule phrase de Dieu fera déborder notre intelligence pendant des siècles.

Nous sommes enfermés dans la cage des mots, et notre cerveau ne peut plus penser sans l'apport du vocabulaire. Il ne ressent plus rien; il s'active, analyse, compare, conclut. Il se trompe et recommence; il se perd dans les dédales de ses propres images subjectives. Notre cerveau ne sait plus comment être en silence auprès de Dieu. S'il reste encore un peu de silence dans la nature, il y a longtemps qu'il n'y en a plus en nous. Voilà pourquoi il est si utile de pratiquer la méditation chaque jour. Pour réapprendre le silence!

Lorsque le silence est si complet dans notre âme que même la pensée de Dieu semble éteinte, c'est que Dieu n'est plus très loin. Voilà venu le moment où nous cessons d'être à l'intérieur de nos propres pensées et où Dieu Lui-même commence à se révéler. Mais il ne faut rien attendre. Dieu est un silence encore beaucoup plus grand que l'au-delà de nos pensées. Le visage de Dieu n'est reconnaissable que dans l'omniprésence du silence.

Dieu nous engloutit totalement dans Son silence. Lorsque nous sortons de Lui, nous ne savons plus rien de ce que nous pensions de la divinité. Il est impossible d'entrer dans le royaume de Dieu sans être pauvre de croyance et vide de foi! Celui qui est riche de croyance est incapable d'oublier sa foi, et il ne peut entrer dans le dépouillement de son âme. L'expérience a démontré que lorsqu'on s'approche du silence de Dieu, on oublie tout sur Dieu. Et lorsqu'on touche le silence, Dieu nous anéantit momentanément pour que nous ne soyons plus rien. Être rien, c'est être infiniment en dehors de soi-même, c'est être la totalité.

Au sortir de cette expérience d'infini, nous n'avons plus de paroles pour décrire Dieu; nous n'avons que Son silence indicible. Nous sommes un million de fois plus muets que l'homme qui se tient debout devant les ténèbres étoilées de la nuit, contemplant cette profondeur sans fin qui le dépasse et l'engloutit.

Ce silence de notre esprit ne contient plus rien de nous, plus rien du Dieu que nous pensions connaître avec nos mots d'humains. Ce silence, cette nudité appartient à Dieu et non plus à nous. Dieu murmure alors en nous les paroles de l'illumination : «Contemple! Ton âme Me contient tout entier.»

Prier, c'est prier de moins en moins. C'est être de plus en plus à l'intérieur de l'état de la prière, mais en disant moins, en pensant moins, en voulant moins. Prier, c'est prendre la direction du silence et y entrer finalement, sans aucune pensée. C'est là que sont contenues toutes les prières, sans aucune parole.

Le silence est la totalité des prières de Dieu, la totalité des prières que l'univers exprime en Dieu. Le silence de l'âme raconte la prière de Dieu en toute chose. L'océan de l'existence s'exprime non plus uniquement par ses vagues individuelles, mais dans sa totalité, avec ses marées géantes. Dieu nous parle à partir de Son Âme cosmique, à travers notre âme humaine.

Les forces interstellaires maintiennent dans leur équilibre des galaxies séparées par des distances incroyables ainsi que tous les formidables mondes de l'apesanteur; tout cela s'insère facilement à l'intérieur d'une seule seconde de la prière de notre âme.

L'âme prie des paroles d'arbres sortant de leurs graines. L'âme dit des paroles d'enfant ne ressemblant en rien au langage des adultes. L'âme exprime des bruits d'oiseaux inconnus habitant sur d'autres planètes.

Il y a des prières de l'âme qui nous font contempler le mystère de l'étendue universelle. Certaines sont si proches des petits événements de la nature qu'on les reconnaît tout à coup, gisant à nos pieds, alors qu'elles battent des ailes dans la poussière des ruelles de notre quartier.

L'âme raconte le sommet des montagnes. Elle passe, comme l'air, entre les obstacles, et ses mots contournent sans difficulté toutes les limites à l'intérieur desquelles les sociétés humaines se sont enfermées depuis des millénaires. L'âme nous raconte des événements qui appartiennent aux paradis que nous portons à l'intérieur de notre mémoire. Dieu communique avec nous de bouche à oreille, nous dévoilant l'infini qui se trouve en chaque parcelle.

Chaque âme contient un silence d'univers. Toutes les paroles y sont réunies, ainsi que tout ce qui n'a encore jamais été dit.

La prière de l'âme est plus qu'un rapprochement entre deux êtres. Elle est l'union qui nous fait rejoindre la totalité, qui nous rapproche de tout ce qui est, de tout ce qui fut et de tout ce qui sera. Cette prière est l'unique pas à franchir pour parler de Dieu; c'est l'abandon de notre âme en celle de Dieu, un abandon si délicieux qu'il la fait exulter de joie. On pourrait croire son plaisir si grand qu'elle ne voudrait rien faire d'autre que d'exprimer éternellement, sans fatigue et sans arrêt, cette jouissance sublime.

Dans son silence le plus profond, l'âme chérit ces moments où cesse sa propre existence et où Dieu vient prendre sa place. Dieu remplace l'âme en soi, et c'est Lui qui vit alors dans notre être. N'est-ce pas cela qu'on appelle la «sainteté»?

> L'âme prie dans la conscience des anges; elle prie la blancheur des neiges éternelles; elle prie aussi haut que le ciel. Elle prie avec le même état d'esprit que l'espace, qui accepte sans restriction la totalité de ce qu'il contient; elle prie d'une grâce sans pareille.

L'âme n'a pas besoin qu'on la représente sur la terre par un visage puisqu'elle ressemble à tous les visages créés. Elle est le centre de notre être, elle est notre existence à tous. Elle est la seule chose qui nous soit commune en tout temps et en tout lieu.

L'âme est une fleur qui lance ses parfums d'amour par-delà les distances. Elle conquiert tout l'espace qui lui est offert.

3
Ma prière

I L Y A EN MOI UNE PRIÈRE ÉTERNELLE qui accompagne mon âme depuis son origine. Ce sont toujours les mêmes paroles qui la remplissent. Ces simples expressions disent toute mon existence et résument tout ce que je suis dans ma profondeur d'être.

Mon merveilleux Seigneur, toute la création T'adore du fond de son âme et projette vers Toi son amour dans de multiples voies et de multiples rituels sacrés, tous créés uniquement par Toi.

Enseigne-moi l'évangile des oiseaux. Fais-moi comprendre la religion des arbres. Dis-moi comment les fleurs et les ruisseaux se confient à Toi et comment ils T'adorent dans leur silence muet. Indique-moi quels sont les modes sacrés de l'expression infinie de Ta divinité.

Ne me limite jamais à une seule croyance humaine qui ne me montrerait qu'un aspect de ton omniprésence.

Donne-moi la croyance de toutes les créatures, celle de toutes les planètes visibles et célestes afin que je puisse reconnaître en toute chose, et au-delà de l'apparente diversité des individualités et des rites, la voie du silence grâce à laquelle toute créature peut communiquer intimement avec Toi.

4

L'âme prie l'omniprésence

L'ÂME, C'EST LA TOTALITÉ DU CHEMIN à parcourir, ce qui permet de découvrir tous les pays sans voyager.

Contrairement à ce que nous pourrions penser, la prière de l'âme n'a pas un contenu de paroles, d'émotions ou de phrases de dévotion, mais plutôt d'espace. L'âme ne prie pas en se remplissant de pensées et de mots, mais en devenant l'espace. Elle prie en devenant présence. Elle témoigne de sa propre infinité dans la conscience de l'omniprésence.

La prière de l'âme parle à Dieu d'elle-même, en
elle-même. Prier, c'est jouir de l'omniprésence qui
renferme la totalité de Dieu, et non pas uniquement
un morceau de Sa divinité.

Depuis des millénaires, les humains adressent à Dieu des
prières compartimentées, en les enfermant tout de suite dans
les cachots étroits de la pensée. Ils prient Dieu en cherchant à
se L'approprier derrière les murs épais de leur foi. Ils prient
religieusement, mais la violence demeure en leur cœur. Ils
disent aimer Dieu, mais ils maudissent les humains. Ils assassi-
nent les autres créatures comme si de rien n'était.

Si nous ignorons l'état de conscience à partir
duquel s'élève la prière de l'âme, notre prière ne
pourra naître que de nos émotions ou de notre tête.
La première forme sera comme un gonflement
d'air chaud ou comme une rafale de vent sur la
poussière; la seconde sera comme une inflamma-
tion des choses apprises. S'il existe une prière venant du corps, elle ne sera qu'un souffle d'anxiété
qui se rappellera que sa naissance recelait déjà le
germe de son insignifiance temporelle et de sa
mort. Toutes ces prières s'évanouissent à l'horizon
longtemps avant que s'installe le silence réel dans
lequel l'adoration peut prendre place. Les vagues
s'apaisent, et l'océan commence!

Les prières des Églises ne peuvent malheureusement contenir que des mots auxquels on cherche à donner un sens. Elles ne savent pas ce
qu'est le silence indicible qui dépasse toute signification. Autrement, les prières ne peuvent
qu'être enfermées dans l'étroitesse des religions.
Mais l'âme prie l'omniprésence.

La foi de l'âme appartient à l'univers. L'âme voit par les yeux
de Dieu et non par les siens propres. La prière de l'âme jouit
sans fin de la foi du silence, de l'océan de la conscience et de
toutes ses vagues sans exception. L'étendue infinie de l'âme
repose immédiatement en soi.

Comment décrire avec des bouts de phrases
juxtaposées l'expérience formidable de l'exaltation spirituelle, alors que tout est si simple pour
l'âme? Il est tellement facile de parler de l'âme,
même si rien de ce qu'on pourrait en dire ne soit
illimité comme elle; rien de ce qu'on pourrait
peindre ne sera un paysage réel. Tenter d'exprimer l'inexprimable procure une grande jouissance parce que cela nous place en parallèle
avec la totalité.

Si quelqu'un, quelque part, affirme parler au nom de la spiritualité et qu'il fait état de limites étroites ou de peurs, alors
celui-là ignore de quoi il parle. Peut-on vraiment illustrer la
connaissance de Dieu en ne représentant de Lui que des
morceaux, des miettes ou des bribes d'ignorance?

Jamais aucun des livres sacrés, des préceptes moraux, des gestes ordonnés par les rituels ou des
murs des églises ne contiendra Dieu. Dieu les dépasse de partout, dans toutes les directions!

La spiritualité appartient à cette dimension omniprésente de l'âme. La spiritualité est la totalité,
l'intemporel, l'infini, l'omniprésence, l'universel.
Quiconque prie sans tout englober dans sa prière
ne connaît pas la spiritualité de son âme.

Lorsque la pensée arrête de tourbillonner, le silence
recouvre l'ensemble de l'esprit. L'âme est cette
totalité.

Voilà pourquoi la prière d'un saint authentique est
pareille en tous points à celle des autres saints.
Leurs yeux peuvent être ronds ou bridés, selon leur
héritage génétique, la peau de leurs paupières plus
ou moins foncée, leurs mains crevassées ou lisses,

leur front penché ou relevé, il sera impossible de trouver une quelconque différence entre leurs existences spirituelles. La sainteté est partout pareille dans l'univers! Seule l'enveloppe des prières peut différer: le nom du Dieu que l'on veut bien prononcer ou le rituel que l'on choisit d'emprunter; mais c'est tout. L'âme de tous les saints est la même, jusque dans l'éternité.

Le silence n'a pas besoin de mots pour décrire la réalité totale de la vie. Quelle que soit la manière dont on ait tenté de formuler cette infinie dévotion de l'âme envers son Dieu, aucune parole n'a jamais pu rendre la réalité de cette expérience; seul le silence majestueux et suprême de l'âme peut le faire.

La saveur d'un fruit demeure indicible et on ne trouve que des mots approximatifs pour en parler. Il est pourtant si facile de goûter. Lorsqu'on s'approche de l'expérience du silence de l'âme, une avalanche de mots sort du rebord de notre intelligence, comme des torrents de pluie qui tombent de la hauteur des nuages. Toutes les paroles doivent mourir, car aucun mot ne peut communiquer cette réalité. Aucune idée ne peut dire l'infini; aucune croyance ne peut exprimer l'intensité de la foi se nourrissant dans le silence; aucun nom que l'on pourrait donner à Dieu ne peut nommer les visages de Son infinité; aucun enseignement verbal ne peut contenir la réalité spirituelle de l'être.

Lorsqu'on touche l'infini de l'âme, on se sent nettoyé de toute croyance. Il peut être quelque peu bouleversant d'être un croyant à l'intérieur d'une religion et de se découvrir, au fur et à mesure de l'éveil spirituel, de moins en moins tel, donc de plus en plus dépossédé de tout cet acquis. Une fois arrivé au bout du chemin de la spiritualité, le vrai chrétien ne peut plus se dire chrétien, pas plus que le bouddhiste ne pourrait se dire bouddhiste dans la conformité. Parvenu au bout du chemin, là, dans le silence, on est devenu la totalité! Voilà l'unique foi qui soit universelle!

Notre âme est l'âme de toutes les autres religions. Nous devenons présents dans notre engagement de pure conscience, en regard de toute action, de toute chose et de toute existence.

5
Nos tristesses

AU COURS DES MILLÉNAIRES, nous avons prié des montagnes de tristesse; nous avons pleuré des fleuves de larmes. Nos ancêtres ont rempli les cieux avec des supplications de toutes sortes.

Lorsque nous entrons dans une église ou dans un temple, nous sentons la douleur des émotions qui y sont accumulées. Tant de chagrins, tant de souffrances et tant de peines sont montés vers Dieu en provenance de l'humanité.

L'histoire de nos douleurs est inscrite sur les pierres tombales des cimetières. Nous avons enfermé nos morts dans des tombeaux étroits et nous continuons de chérir cette mémoire douloureuse. Mais les âmes ne sont pas en terre; elles sont dans les cieux, ouvertes à une vision grandiose! Ne mettons plus jamais nos morts en terre; lançons-les plutôt dans l'espace. Nous aurons ainsi accompli quelque chose d'extraordinaire: nous nous serons libérés des tombeaux et nous nous serons rapprochés des cieux!

Nous avons enfermé, de la même manière, nos prières entre les murs des églises et entre les reliures de nos livres sacrés. Nous les avons attachées à des statues de pierre ou de bois.

Si la prière de l'âme avait été enseignée aux générations passées, nous n'aurions jamais construit autant d'églises et de temples. Si la tristesse et la souffrance n'avaient pas été aussi intenses, nous n'aurions jamais eu besoin d'autant d'endroits où pleurer et supplier Dieu. Si la prière de l'âme avait été connue, nous aurions été exaltés par le temple de la nature que Dieu a construit de Ses propres mains, et notre cœur aurait été ouvert à la divinité permanente.

Pourquoi avons-nous enfermé Dieu entre des murs de pierre? Était-ce parce que nous avions besoin de ces limites pour justifier notre manque de spiritualité réelle?

La peur et la mort ont marché à nos côtés pendant des millénaires sur les routes ensanglantées et boueuses de la civilisation. L'homme a beaucoup souffert de tous ses égoïsmes, et les images de Dieu dont il a empli les églises devaient être à la mesure de son espoir et de ses désespoirs. La ferveur et le fanatisme religieux sont peut-être directement proportionnels au degré de non-réalisation spirituelle des peuples! Plus cette foi des rituels était grande, plus forte avait dû être la douleur de vivre. Quel degré de douleur humaine a pu motiver la construction des grands et prestigieux temples des religions terrestres? La vie devait être extrêmement cruelle pour qu'on en arrive à croire et à enseigner que la mort était une miséricordieuse libération venant du divin Seigneur.

Analysons nos prières et soyons rigoureusement honnêtes quant aux conclusions que nous devons en tirer. Voyons nos prières telles que nous les adressons à notre Dieu. Sont-elles remplies de joie, infinies et indicibles au-delà de tout entendement? Sont-elles une source d'extase sans pareille? Que contiennent nos prières quotidiennes? Des problèmes, des angoisses, des douleurs? Ou bien sont-elles comblées avant même qu'elles soient exprimées? Dieu semble-t-Il les entendre et y répondre? Qui n'a pas essayé d'acheter des faveurs divines en échange de certains petits cadeaux offerts: une bonne action, un lampion allumé dans une église, une annonce à publier dans un journal contre une faveur obtenue, un chape-let récité avec piété, un pèlerinage dans un lieu saint?

L'âme de chaque être humain constitue un temple infini, et cela a été oublié. Voilà le pèlerinage spirituel suprême, l'unique voyage vers l'origine de l'être dans le silence intérieur complet.

Les écrits religieux relatifs aux traditions spirituelles de la terre font état de deux grandes catégories de prières, chacune pouvant être subdivisée en deux classes :

1. La prière qui surgit de l'individualité

- *celle du manque spirituel;*
- *celle des apparences spirituelles.*

2. La prière qui surgit de l'âme

- *celle de la félicité;*
- *celle qui ne s'accompagne pas de mots.*

La majeure partie des prières font suite à un manque spirituel. Il s'agit là d'un phénomène tout à fait normal puisque la plupart des humains ne connaissent pas Dieu. Ils ne ressentent donc pas la félicité indescriptible qui est celle de l'extase spirituelle accompagnant l'état d'illumination.

Ces prières sont honnêtes en ce qu'elles traduisent l'état d'esprit réel de ceux qui gémissent dans l'attente de Dieu. Elles expriment la douleur reliée à un manque incroyable de Dieu.

Au cours des siècles passés, on croyait que ce manque de Dieu était la spiritualité elle-même. La méthode simple susceptible de faire entrer quiconque dans l'expérience transcendantale du silence de l'âme était inconnue des chercheurs spirituels. Ceux-ci se sont donc contentés de souffrir religieusement en croyant que cette douleur causée par le manque de Dieu était en elle-même le plus haut accomplissement réalisable sur la Terre.

Souffrir au nom de Dieu, souffrir dans le désir de Dieu, être déchiré par l'idée de Dieu, tout cela était normal, croyait-on. À quoi d'autre pouvait-on s'attendre sur cette terre? Seul l'au-delà pouvait nous libérer!

L'homme criait donc sa douleur de ne pas être en contact avec la totalité de son Dieu et il regrettait son exil hors du paradis.

Puis il y avait ceux qui priaient en état d'apparente illumination, qui se faisaient croire toutes sortes d'idées spirituelles, qui élevaient leurs émotions dans la suggestion de Dieu et de Son royaume céleste. À défaut de vivre une réelle illumination, ces croyants contemplaient l'idée de Dieu, et cela leur procurait un certain soulagement de leurs misères humaines. Cela allumait aussi en eux un fervent espoir d'obtenir le salut promis par leur foi.

Les prières de ces croyants paraissent empreintes de Dieu; elles semblent fortes de la présence du divin. On y reconnaît les mots exaltés qui expriment le courage et la valeur morale. Malheureusement, elles ne sont que le produit d'un réchauffement émotionnel ou d'un conditionnement de l'éducation.

N'a-t-on pas vu de telles personnes, si religieuses, si croyantes et si exaltées par l'idée de Dieu, répandre autour d'elles des souffrances de toutes sortes? Ce sont elles qui tiennent d'une main le livre sacré et de l'autre, l'épée ou la corde de la potence qu'elles dressent contre l'impie! Ce sont aussi ces croyants qui remplissent paisiblement les églises et les temples de toutes les religions du monde, entonnant avec ferveur des chants exaltés pendant qu'ils continuent de souffrir quotidiennement dans l'attente du jugement dernier ou d'un paradis post-mortem.

En dehors de ces deux grandes catégories de prières venant de l'individualité, on retrouve les deux types de prières de l'âme. Il faut s'attarder à ces prières qui, dans toutes les traditions spirituelles de la terre, exhalent les effluves de la réelle félicité intérieure, de la sérénité, de la grâce et de la paix totales. Les prières de l'âme ne savent rien dire avec les mots de la tristesse, de la souffrance ou du fanatisme violent. Ces prières proclament l'abondance; elles chantent la gloire de Dieu; elles dansent Sa présence dans tout l'univers.

Les prières de l'âme disent ce qui ne s'explique pas avec des paroles humaines; elles sont l'expression d'un silence complet qui ne refuse rien, qui accepte tout, qui vit de plénitude et jamais de condamnation. Les prières de l'âme parlent d'union infinie, de communion intemporelle, de fusion parfaite et d'adoration.

Comment donc peut-on savoir que la prière vient de l'âme? En constatant qu'il ne manque rien à cette prière lorsqu'elle s'exprime! Tout y est complet, total. La prière de l'âme ne contient que paix vibrante et spontanée. On ne peut s'y tromper: la prière de l'âme prie de l'infini à l'infini. La prière de l'âme ne peut être triste en aucune manière. Elle ne connaît que la plénitude de l'amour, que la présence unifiante de l'Esprit de Dieu.

6
Traverser les miroirs

L Y A CE PHÉNOMÈNE DE L'ART qui, à
travers la magie des mots, des sons, des
formes ou des mouvements, réussit à suggérer une réalité qui n'est pas toujours évidente
dans l'œuvre d'un artiste. Par exemple, un
tableau nous donnera l'impression qu'il
s'agit d'un paysage réel, cependant que la
toile ne présente qu'une juxtaposition de couleurs. Quelques coups de pinceaux auront
suffi pour produire en nous cet émerveille-
ment. Il pourra aussi nous arriver que la
musique jouée par un orchestre nous transporte au bord de la mer, debout dans le vent.

Pendant que notre œil capte objectivement les couleurs sur la toile, notre intelligence peut subjectivement ressentir l'émotion, pourtant invisible, que l'artiste a voulu communiquer. La suggestion créée par un tableau peut parfois être si forte qu'on aurait presque envie d'aller marcher sur la route que l'on voit peinte entre les arbres, ou de se baigner dans le ruisseau que l'on aperçoit, ou de parler avec les personnages qui s'y trouvent.

Un phénomène de suggestion semblable, mais encore plus puissant, se manifeste dans toutes les traditions spirituelles et religieuses de la terre. Les rituels du sacré comportent un pouvoir suggestif très fort: certaines paroles accompagnées des gestes prescrits ~ lesquels ont une signification commune et acceptée de tous ~ vont suggérer la présence de Dieu et faire croire qu'un canal de communication vient de s'ouvrir entre soi et Lui.

Le fait de se baigner en pensée dans un océan dessiné sur un mur, de décorer une pièce de ballons de plage et de filets de pêche, de se couvrir de crème solaire, d'imiter les gestes des nageurs ne peut évidemment pas combler notre désir d'eau salée et de vagues.

Il en est de même pour les traditions suggestives du divin, lesquelles ne peuvent plus satisfaire les chercheurs spirituels modernes. Comment de telles traditions de spiritualité, qui affirmaient avec la force de l'Autorité que la suggestion du divin était la Voie et la Vérité ont-elles pu être maintenues aussi longtemps? Assister aux cérémonies religieuses, vivre d'espérance, répéter les prières des prophètes divins et des grands sages terrestres, affirmer qu'on sera finalement sauvé et croire au Dieu que notre religion nous enseigne, tout cela n'a jamais vraiment réussi à spiritualiser l'humanité.

Nous savons à quel point les sociétés des générations passées étaient religieuses et ferventes. Malgré cela, leur foi n'a jamais réussi à engendrer la paix entre les individus et entre les nations. Certaines cultures religieuses allaient jusqu'à fixer dans les moindres détails les coutumes à adopter, les vêtements à porter, les chansons populaires à écouter. Tout était prescrit d'autorité, jusqu'aux modes de cuisson de la nourriture!

Il faut admettre qu'aucune société religieuse n'a été capable de créer une civilisation spirituelle abondante, pacifique et créatrice. Aucune n'a connu un âge paradisiaque. Nous sommes, encore aujourd'hui, fanatisés et violents, et nous perpétuons la peur partout sur notre passage. Malgré les progrès technologiques réalisés et nos croyances modernisées, nous ne connaissons aucune paix intérieure.

Il apparaît désormais évident que les rituels du sacré ne seront plus capables de satisfaire les humains en quête de spiritualité réelle et de vérité universelle. Les églises, les rituels, les discours, les vêtements et les ornements, tout cela va bientôt aller garnir les musées de la spiritualité mondiale pour être remplacé par une voie directe vers Dieu, non suggestive. Il s'agit du silence de l'âme!

Lorsqu'on touche l'âme, qui est transcendante à la pensée, on se baigne dans le ruisseau de toutes les âmes. On marche sur le chemin que l'univers a lui-même tracé. On communique instantanément avec tout ce qui existe dans la création.

Toucher l'âme en soi, c'est passer complètement de l'autre côté de la toile de la suggestion, là où les dimensions deviennent réelles et non imaginaires, là où l'espace est illimité et non pas cadré, là où la profondeur est sans limite et non pas dessinée. Entrer dans son âme à soi, c'est dépasser tous les rituels du sacré pour percevoir les choses directement, à l'intérieur de l'infini. C'est traverser la mince pellicule qui, jusque-là, nous séparait du contact réel avec Dieu.

Les chefs religieux ont toujours été sincères, semble-t-il, et remplis d'inspiration véritable. La Parole de Dieu ainsi que les enseignements des sages ont une force évocatrice irrésistible. À toute cette vérité et à toute cette profondeur d'inspiration, il ne manquait qu'une seule chose : l'expérience du silence de la pure conscience, qui apparaît lorsque la pensée s'apaise totalement.

Privés de cette voie directe, les croyants des siècles passés n'avaient d'autre choix que de charger d'idées spirituelles leur cœur et leur intelligence, créant ainsi une puissante suggestion de la proximité de Dieu. Puis ils devaient croire et faire croire aux autres générations que c'était là l'unique manière de faire.

Il est vrai qu'il pouvait parfois se produire, lors de brefs moments de solitude ou de recueillement dans un endroit éloigné de toute activité, une vision de la divinité et de l'immortalité de l'âme, mais cette manifestation était fugace et n'était pas encouragée. Celui qui connaissait l'exaltation dans la présence du divin était accusé d'orgueil.

Comment se fait-il que, malgré la plus intense ferveur religieuse, la souffrance continuait toujours d'exister et que le Royaume de Dieu ne venait pas s'établir sur la terre? L'homme ne semblait jamais capable de contourner la douleur, et celle-ci en est venue à faire partie intégrante des traditions spirituelles. Elle a donc été incorporée dans l'explication du plan divin. On a même réussi à interpréter la vie des plus grands prophètes à l'aune du sacrifice et de la souffrance, alors que l'illumination réelle n'est remplie que de joie indescriptible. Alors que la sainteté ne contient plus aucune souffrance! Alors que Dieu n'est que félicité éternelle! Alors que rien, pas même la mort du corps, ne peut troubler la conscience qui est établie dans la divine béatitude!

Malgré toute la force d'adhésion qui peut être reliée à une tradition spirituelle et malgré toute l'éducation de foi, les fautes humaines étaient impossibles à cacher. Au mieux pouvions-nous comprendre certains idéaux dits plus universels, mais toujours pour les voir ensuite sombrer dans le marécage de nos angoisses existentielles et dans les conformismes spirituels rigides de la société.

Entrer dans l'âme, c'est sortir de tous les pays simultanément, c'est regarder au-delà de toutes les fenêtres à la fois. C'est être tout! C'est traverser enfin le miroir des images et connaître la réalité universelle. C'est voir de l'autre côté de la vitre. C'est briser l'illusion de la matière. C'est passer outre à la limite écrasante de l'addition des minimes grains de sable du temps. C'est entrer magiquement dans une dimension intemporelle qui ne renie pas le temps, mais qui lui fait franchir le seuil de l'immortalité.

Chaque seconde de notre vie, comme le ferait tout autre élément de la perception et de la pensée, gagne ainsi une dimension infinie. Chaque instant devient transparent vis-à-vis de l'immortalité qui l'habite. Chaque lieu touche tous les autres lieux puisqu'il n'existe qu'une seule omniprésence.

Mais il faut se garder de se satisfaire du fait d'avoir compris un concept de Dieu et de la spiritualité. On resterait alors de ce côté-ci du fonctionnement cérébral, car on ne pourrait rien faire de mieux que de conceptualiser l'infini et l'âme. Il faut l'expérience du silence de l'âme pour que l'idée spirituelle devienne transparente à la réalité qu'elle cherche à décrire.

Lorsqu'on s'approche de l'âme, l'âme s'approche de soi. Lorsqu'on devient apaisé, Dieu se met à exister en soi. On perçoit alors l'omniprésence au cœur même de toutes les limites qui nous entourent.

Le silence de conscience, c'est l'âme. La prière de l'âme, c'est la prière de Dieu en soi. Et cette prière est Dieu.

7
Dieu nous tait

L ORSQUE NOUS APPROCHONS DIEU, nous devenons le silence de Son infinité et nous quittons toute pensée. Lorsque Dieu nous pénètre, lorsqu'Il entre en nous, Il nous tait, Il nous arrête de penser, Il nous baigne dans Son silence éternel. Et c'est là que débute la réelle vie spirituelle.

Dieu efface nos pensées désormais inutiles et Il nous permet l'omniprésence de l'Être.

8
Le silence de Dieu

L A PRIÈRE DE L'ÂME EST LE SILENCE DE DIEU qui prie
en contemplant la totalité de Son Être dans l'étendue
sans limite de l'univers. Cette prière devient tout ce
que touche ce silence. Elle est l'univers dans toutes ses parties
et dans sa totalité.

L'âme est aussi omniprésente que l'espace, aussi transparente
que le verre pur, aussi rapide que ce qui est partout à la fois et
que ce qui contient le mouvement complet de l'univers. Elle est
aussi généreuse que ce qui a créé la vie à l'origine. L'âme a
tous les pouvoirs qu'exprime l'univers. L'univers n'est que
l'âme exprimée.

La prière ne vient plus de soi pour se projeter vers Dieu; elle vient de Dieu pour se diriger vers soi. Nous recevons les pensées de Dieu dans notre être intime, et cette prière n'a plus rien à dire. C'est Dieu qui se met à parler dans notre silence. Ce que Dieu dit contient tous les mots qui expriment simultanément la plénitude et la totalité de Son Être.

Dieu projette sa pensée dans l'âme, qui est le lieu de Son action réelle. Dieu agit à l'intérieur de l'âme. Cette prière est inaudible pour l'oreille, mais on l'entend partout. Dieu est invisible pour les yeux, mais on Le voit partout.

La prière de l'âme est amoureuse; elle est comblée. Lorsqu'on vit par la prière de l'âme, on sait qu'elle peut surgir de partout et à chaque instant. Cette prière est un remerciement; elle est la gratitude, elle est l'amour pur. Cette prière n'a même plus besoin de mots, elle n'a plus besoin de paroles. Elle s'émeut du silence infini qui règne au cœur même de notre existence.

9

Des millénaires de quête
éperdue

L A PLUPART DES GRANDS CHERCHEURS SPIRITUELS des siècles passés étaient familiers avec le silence des grottes, des forêts ou des monastères. Ils vivaient en réclusion, pratiquaient la vertu, s'efforçaient d'appliquer les codes de la morale. Ils faisaient des vœux d'obéissance, de chasteté et de non-possession, mais tous, presque sans exception, sont passés à côté du silence transcendantal de l'âme!

Il était normal, disait-on à l'époque, de se retirer du monde si on espérait évoluer rapidement sur le plan spirituel. On recherchait le détachement et l'éloignement des objets reliés au plaisir des sens. On glorifiait l'acceptation de la souffrance et la crainte de Dieu... Il n'est donc pas surprenant que la spiritualité ait été très longtemps associée à une certaine passivité extérieure, à un désengagement vis-à-vis de la vie sociale et familiale.

La voie des rituels et les enseignements de la Parole de Dieu étaient surabondants durant les derniers millénaires, et ils se répandaient dans toutes les directions! Si l'on mettait bout à bout toutes les «paroles divines» contenues dans tous les livres sacrés de toutes les religions actuelles et passées, combien de milliers de pages un tel ouvrage contiendrait-il? Et si l'on ajoutait à cela la description de tous les rituels religieux, qui voudrait se lancer dans un pareil projet d'écriture et de recherche?

Chaque religion regorge de normes, de codes de conduite, de lois et de préceptes, tout autant que de rituels, de prières et de routines de toutes sortes. Oublions donc l'idée de produire un tel volume. Il est tellement plus simple de connaître la réalité de Dieu en quelques instants, sans avoir recours à aucune parole, en fermant les yeux et en plongeant dans le silence de son âme!

Au nom de l'évolution spirituelle, au nom de
Dieu lui-même, on a tenté de connaître la divinité de toutes les manières possibles et imagina-
bles. On a souffert pour Dieu, on a enseigné
l'ascèse et les pénitences, on a suivi des règles
sévères, on a levé les bras au ciel, on a pleuré,
on s'est jeté par terre, on s'est enfermé dans des
grottes sombres; on a fait saigner sa chair, on
a torturé son corps, on s'est rendu malade, on
a désiré le martyre; on s'est empêché de dormir,
on a participé à des cérémonies de toutes sortes;
on a entrepris des pèlerinages, tué des impies,
fait la guerre, construit des cathédrales et des
temples; on s'est ruiné, on s'est enrichi, on a
souhaité la mort, etc. Alors qu'il suffit simple-
ment de fermer les yeux et de ne rien faire pour
atteindre le silence!

Il n'est pas nécessaire d'être convaincu, ni fervent, ni enthousiaste, ni croyant pour vivre la
spiritualité. Car lorsqu'on s'approche du silence
de l'âme, on oublie toutes ses idées et toutes ses
croyances, et on vit dans la simplicité. Il n'est
même pas nécessaire de connaître des prières ni
de participer à aucun des rituels des églises; car
lorsqu'on s'approche du silence de l'âme, on
oublie la totalité de ce que l'on sait et on n'appartient plus à rien d'autre qu'à l'infini. On
devient aussi petit que le plus petit des insectes

et aussi ignorant que l'herbe des champs, mais on se retrouve auprès du cœur de Dieu. Dans ce silence, on cesse d'être mâle ou femelle, grand ou petit, maigre ou gros, intelligent ou stupide, fort ou chétif; on cesse d'être riche ou pauvre, on n'appartient plus à telle race ou à telle nation, on cesse même d'être exclusivement humain pour devenir l'âme, qui est l'omniprésence.

Au moment où nous connaissons l'âme, notre propre sainteté devient une surprise pour nous. Elle est tellement différente de celle qui est décrite dans les livres. Elle est unique, différente de celle de tous les autres, mais elle est certainement infinie et dispensatrice de jouissance!

Si la valeur du silence a été largement ignorée au cours des millénaires, la méthode simple pour rejoindre l'âme l'était encore davantage. Qui connaît la manière de faire taire la pensée? Faut-il porter son attention sur un certain vide intérieur? Est-il préférable de concentrer son esprit sur une idée quelconque ou s'il faut plutôt lutter contre l'agitation mentale? Est-ce en visualisant une grande paix intérieure que l'on pourra reprogrammer son cerveau afin que seules les pensées spirituelles le pénètrent?

Il est curieux de voir que l'intelligence humaine se soit attachée pendant si longtemps aux rituels extérieurs, aux prières verbales, aux croyances transmises, aux enseignements de la Parole divine, et qu'elle n'ait pas cherché à connaître le silence qui efface la personnalité psychologique et qui nous unit à notre origine spirituelle. Le mot «religion» (du latin *religare*, qui signifie «relier») ne veut-il pas dire «se lier à l'origine»? Comment avons-nous pu nous satisfaire de penser à Dieu plutôt que d'apprendre la manière de quitter toute pensée pour entrer dans l'infini se trouvant au cœur de notre âme? Le mot «religion» ne vient-il pas aussi d'un second mot latin, *relegere*, qui signifie «se recueillir, rassembler»?

Dans toutes les sociétés, les prêtres ont beaucoup enseigné Dieu, mais ils ignoraient que leurs paroles éloignaient concrètement les hommes de l'EXPÉRIENCE de Dieu.

(Relisez la phrase qui précède et sachez que même si elle paraît tout à fait incroyable, elle exprime pourtant une vérité très profonde!)

Car l'expérience de Dieu se trouve au-delà des paroles contenues dans les livres sacrés, au-delà des enseignements et des mots, au-delà des pensées, au-delà de la dévotion fervente.

Nous découvrons Dieu à l'intérieur de notre âme, et nulle part ailleurs! Car ailleurs ne réside que la représentation de Dieu, que l'image de Dieu, que l'idée de Dieu ou l'émotion de Dieu. Ailleurs, on ne retrouvera que l'expression de Sa Parole, que le sentiment de Sa présence, que l'intuition de Son Esprit cosmique. Ailleurs, on ne verra que ce qui est visible; ce qui est invisible ne pénétrera pas notre œil.

Nous ne pourrons comprendre que ce qui peut être accepté à l'intérieur de nos conditionnements mentaux; nous n'apprendrons que ce qui peut être retenu; nous ne pourrons croire et accepter que ce qui ressemblera à notre foi. Tout ce que nous ne pourrons comprendre sera mis de côté. Tout ce qui ne conviendra pas à nos critères sera écarté. Tout ce qui ne ressemblera pas à notre foi sera rejeté.

Mais Dieu habite le silence, lequel ne peut être connu qu'en oubliant toute connaissance! Dieu devient visible lorsque nos yeux ne regardent plus rien, lorsque notre intelligence arrête de se répéter les mêmes paroles. Dieu apparaît lorsqu'il n'y a plus de foi en nous!

Les prêtres et les chefs spirituels de toutes les traditions religieuses du monde ont réalisé le contraire de ce qu'ils souhai-
taient! Plus ils enseignaient Dieu, plus ils éloignaient les
hommes de l'expérience réelle de Dieu. Ils mettaient l'accent
sur la Parole de Dieu, sur les rituels de leur foi et sur les
commandements moraux. Mais ils empêchaient l'expérience
de Dieu, qui se trouve loin sous les mots, loin sous les gestes
et les rituels extérieurs, loin sous les intellects, loin sous les
émotions du divin.

Les prêtres et les chefs religieux sont donc responsables du
plus grand échec spirituel qu'ait connu le monde : ils ont
enseigné des mots alors que Dieu se trouve dans le silence! Ils
ont enfermé Dieu dans **leur** religion plutôt que de LE laisser
libre dans SON omniprésence! Voilà pourquoi il y a eu si peu
de saints en comparaison du très grand nombre de croyants
qui ont existé.

Les traditions spirituelles n'ont été que des déco-
rations accrochées à notre misère quotidienne.
Elles ne nous ont pas fait connaître les états
supérieurs de la conscience! Les enfants étaient
éduqués le plus tôt possible à devenir des
croyants fervents et convaincus. Alors que la
spiritualité n'a rien à voir avec le fait d'être
convaincu, ou croyant, ou adepte de telle philosophie ou de tel enseignement de foi. La vérité
ne sera jamais contenue dans des paroles,
même si celles-ci sont l'expression de la vérité.

Dieu n'est pas une littérature spirituelle, même si les textes sacrés sont réellement la Parole de Dieu. Et si quelqu'un voulait croire que le présent ouvrage dit la vérité, que l'essence de la vraie spiritualité se trouve dans le silence de l'âme, cette croyance n'aurait pas beaucoup plus de valeur qu'une autre croyance. Parler de l'océan n'est pas l'océan!

Seule l'*expérience* du silence de l'âme est la vérité! Car l'expérience commence là où s'arrêtent les mots et les concepts.

Si quelqu'un ne pratique pas la méditation chaque jour pour aller rejoindre ce silence dont nous parlons, sa vérité ne pourra jamais être autre chose qu'une idée, une croyance. Avez-vous remarqué comment chaque croyance se heurte à d'autres croyances? Voilà la raison pour laquelle il n'a pas encore été possible de laisser les religions en dehors des conflits qui les opposent l'une à l'autre. Tant qu'on discutera de la vérité comme si elle pouvait être contenue dans des mots, il n'y aura aucune possibilité d'entente réelle avec qui que ce soit. La vérité n'est pas l'idée que l'on se fait de la vérité. La foi réelle ne sera jamais la perpétuation d'un enseignement sur Dieu!

La paix intérieure n'est pas le fait de ceux qui se satisfont d'avoir trouvé la croyance, l'enseignement ou la religion qui leur convient. Elle n'est pas non plus le fait de ceux qui n'osent pas regarder ce qui se cache derrière la façade de leur prétendue paix spirituelle; pas plus qu'elle n'est la paix qui serait imposée d'autorité ou par la force, ni celle qui se confondrait avec la passivité des endormis, ni celle qui serait enfermée entre des murs de pierre et des croyances.

Avez-vous remarqué que partout, sur la terre, les croyants d'une même foi se regroupent afin de jouir entre eux de leur petit paradis de croyance? Ceux qui partagent la même croyance se sentent en paix au milieu de leurs semblables. Mais quiconque vient briser cette paix artificielle en s'opposant au groupe ou en s'en dissociant est automatiquement banni.

Nous n'avons rien à faire de cette sorte de paix qui se crée ou se maintient entre les murs des croyances. La paix réelle est transcendantale: elle est ouverte sur l'omniprésence intérieure de l'âme.

Méditer derrière des murs qui nous isolent temporairement du bruit et des activités quotidiennes, dans le dessein d'aller à la rencontre du silence de l'âme, voilà qui a une valeur remarquable. Mais s'enfermer ici ou là, au mi lieu de tel groupe, dans telle église ou dans tel enseignement, en croyant qu'on détient la vérité, voilà qui est superficiel et faux..

Si quelqu'un ignore le silence de son âme, la paix qu'il prétend connaître ne vaut guère plus qu'un maquillage appliqué par-dessus un visage vieillissant. La foi de cette personne ne tient qu'à des acquis; elle n'est qu'un conditionnement de l'éducation, elle ne dépend que d'un enseignement. Toutes les croyances peuvent être détruites ou ébranlées, mais le silence est insaisissable, infini, immortel et invincible.

La vérité qui est exprimée avec des mots n'est pas la vérité. Celle qui est enseignée n'est pas la vérité; elle n'est qu'une représentation de la vérité qui, elle, ne s'exprime pas. L'état réel et unique de la vérité appartient à l'expérience intérieure de l'âme qui jouit de la sérénité totale au-delà de toute pensée. Voilà la raison pour laquelle nous ne pourrons trouver Dieu tant et aussi longtemps que nous Le chercherons, au moyen de la pensée ou de nos émotions ferventes, à l'intérieur d'un quelconque enseignement spirituel.

Dieu n'est pas l'idée que l'on se fait de Lui. Il n'est pas non plus l'objet de nos prières. Ceux qui prient le Christ ne prient pas le Christ réel, mais l'idée qu'ils se font du Christ. Sinon leur prière s'arrêterait en cours de route, et ils jouiraient de l'infini silence et de l'infini amour de leur Maître adoré. Tout devient le Christ dans le silence de l'âme; nous sommes alors arrachés à notre religion en devenant aussi transparents que Lui!

Lorsqu'on trouve l'âme, qui est la spiritualité pure, on comprend tous les prophètes divins. Le Christ, par exemple, n'a jamais fondé de religion, car Il voyait que les religions étaient en querelle partout autour de Lui. Il s'est contenté d'annoncer le message suprême : «Pardonnez-vous les uns les autres.» Il a ainsi enseigné ce qui transcende toutes les religions. Il a montré que le Royaume de Dieu était à l'intérieur de soi et non pas dans les paroles sacrées des textes religieux au sujet desquels les prêtres se chicanaient.

Dieu est le silence infini de la pure conscience, une jouissance de félicité suprême, la pure intelligence en soi et partout, Dieu est l'existence infinie et immortelle. Dieu est l'Être originel qui nous habite.

Certains ont voulu vivre une quête sincère du divin à l'intérieur de leur foi; mais ils avaient beaucoup de mal à poursuivre leurs efforts dans ce sens, car les enseignements de la Parole de Dieu dominaient tout. Il devenait tellement difficile de connaître Dieu dans Son invisibilité, et si facile de se satisfaire des images qui Le représentaient! Cette sorte d'image apporte certes un parfum de l'Esprit de Dieu, mais jamais l'expérience réelle de l'illumination intérieure.

Les personnes les plus religieuses au fil des siècles ont été celles qui s'accrochaient le plus fermement aux extérieurs spirituels.

Le paragraphe qui précède est très révolutionnaire, en ce sens qu'il renverse notre compréhension normale; car nous avons toujours cru que les êtres les plus religieux étaient aussi les plus spirituels. Le propos qu'il contient est certainement puissant de signification, mais il faut le nuancer de la manière suivante : Il existe des exceptions en tout domaine, et certains êtres hautement religieux étaient néanmoins très évolués spirituellement.

Malgré cette nuance nécessaire, l'idée avancée garde toute sa validité. Elle affirme que la majorité des êtres religieux étaient parmi les moins spirituels de tous parce qu'ils s'attachaient davantage aux expressions extérieures de la divinité plutôt qu'à son essence réelle. Ils reliaient leur foi aux églises et aux temples, aux statues, aux bougies allumées, aux prêtres et aux cérémonies. Ils priaient les images de leur Dieu et accordaient beaucoup d'importance à tout ce qui pouvait représenter le spirituel.

Plus on découvre l'âme, plus la spiritualité devient apte à quitter l'extérieur des rituels et des prières verbales, et moins on a besoin d'églises! Moins on a besoin aussi de s'enfermer dans quelque enseignement limitant, car l'âme est à l'image de Dieu, omniprésente, infinie, vaste, lumineuse et pure.

On commence à s'apercevoir seulement aujourd'hui que la croyance en Dieu n'a jamais suffi pour éliminer la souffrance humaine. Le fait de prier ou de suivre les rituels du sacré pour obtenir des faveurs ne nous a non plus jamais libérés de nos angoisses et de notre violence.

Pendant de nombreux millénaires, on a confondu les paroles, actions et expressions extérieures de la divinité ou de la sainteté avec l'âme, qui est intérieure, et l'unique source de la spiritualité réelle. On s'est attaché à des dehors très inspirants, mais qui n'étaient pas l'essence spirituelle.

Encore une fois, l'idée de Dieu n'est pas la divinité! Il n'a donc pas servi à grand-chose d'imiter le comportement des prophètes divins ou des saints, ni même de comprendre leur philosophie. Plutôt que de perpétuer les enseignements qui veulent nous faire continuer à prier dans les églises, pourquoi ne pas revenir au silence des saints? C'est là que se trouve la spiritualité, et non pas dans un lieu sacré où brûlent les bougies et où abondent les discours pieux et les beaux chants.

Pour connaître l'âme, il nous faut nous initier à la transcendance de la pensée. Car le principal obstacle à notre développement spirituel est constitué de nos propres conditionnements mentaux, de tout ce que nous avons appris, et qui était partiel ou faux.

Chaque religion devrait nous amener à découvrir ce qui se cache au-delà des religions, ce qui est universel et transcendant à toutes les formes spirituelles. Cet éveil simple de l'âme représente la plénitude de la vie spirituelle. Chaque fois qu'on arrive à toucher le silence de l'âme, l'épanouissement intérieur augmente, et les problèmes disparaissent. Bientôt, il ne reste plus en soi qu'une éternité de bonheur, qui est visible à partir de toutes les directions, simultanément*.

---

* L'auteur recommande pour tous la pratique simple et naturelle de la Méditation Transcendantale, telle qu'elle est enseignée mondialement par Maharishi Mahesh Yogi ou par les professeurs qui ont été formés par lui. Aucune autre méthode de méditation ne ressemble à la Méditation Transcendantale, qui est la clef de la transcendance. Voilà ce qui nous a manqué depuis des millénaires!

Au sortir du silence complet de l'âme, nous sentons pour la première fois que plus rien ne constitue une limite; toutes les expériences spirituelles dont nous avons pu entendre parler prennent soudainement un sens réel. L'âme se met à jouir de l'océan de l'immortalité et de chacune de ses vagues de vie.

Penser à Dieu, imaginer Dieu, vouloir Dieu, parler de Dieu, prier Dieu, tout cela n'est que l'extérieur de la spiritualité. L'expérience de l'âme contient tout ce que nous avons tellement souhaité!

10
Un parfum de quotidien

L N'EXISTE AUCUN ÊTRE HUMAIN qui ait pu passer complètement à côté de la jouissance que procure l'existence pure. Ne serait-ce que pour de brefs moments, il a été en contact avec elle au cours de sa vie. Tous les corps sont conçus pour connaître l'expérience de la félicité permanente. Toutes les intelligences sont unies en leur essence avec l'Intelligence grandiose de Dieu.

C'est pour cette raison que le parfum de l'âme pénètre parfois jusque dans le quotidien le plus dense. Personne ne sait quand se manifestera, dans la totale simplicité d'une perception, d'une pensée, d'un souvenir ou d'un geste, un bonheur inattendu, un fragment de joie indicible, un morceau de paix instantanée et

gratuite, offert en même temps qu'une élévation des sentiments. La seule vue d'un paysage peut nous procurer une
jouissance incroyable. La parole d'un ami, le sourire d'un
étranger croisé dans la rue, la découverte d'un objet qu'on
croyait perdu, le spectacle d'un animal domestique bondissant
sur le bout de nos pieds... qui sait ce qui peut être à la source
d'un moment de surprise et d'exaltation?

Souvent, c'est dans la solitude d'un instant, dans
un moment de communion avec la nature que la
beauté de la création vient se refléter si parfaitement sur nous. Lequel d'entre nous n'a jamais eu
l'impression que quelque chose de sacré se cachait
dans un événement quotidien pourtant très banal?
N'avons-nous jamais eu le sentiment d'être en
harmonie avec tout ce qui nous entourait, de savoir
tout, d'être témoin d'un moment unique, de devenir
transparent à la beauté et à l'extase?

Nous pouvons ainsi sentir la présence si rapprochée de l'âme ou de Dieu dans notre vie, mais cette
réalité semble cachée derrière la vitre de la perception. Chacune de ces expériences nous fait sentir
que l'infini est proche, tellement que nous avons
l'impression de pouvoir presque le toucher du
doigt. Certains ont connu des visions spirituelles
merveilleuses. La jouissance qu'ils ont alors vécue
n'était pas le fait de l'expérience elle-même, mais
elle était plutôt reliée à cette présence parallèle de
l'infini. Voir un ange ou avoir une vision du paradis, ce n'est pas si extraordinaire en soi; mais sentir
l'infini, l'immortalité et la beauté si proches de soi,

cela nous bouleverse pour toujours. Nous désirons alors revivre au plus tôt cette extase sublime.

Certains parfums de l'âme peuvent venir jusqu'à nous de diverses manières, poussés par des vents invisibles, divins. C'est comme le fait de sentir la présence de l'océan caché derrière des collines, avant que de le voir. Ou de distinguer la lumière à travers les nuages sans connaître encore la puissance du soleil.

Comment retrouver ces instants où l'en deçà et l'au-delà se trouvent immédiatement de l'autre côté de la vitre de la perception? Voilà le grand mystère! Voilà la raison d'être de toutes les initiations spirituelles : donner l'expérience de l'infinité de l'être, établir un contact avec la grandiose personnalité de Dieu.

La proximité de Dieu est éclatante; elle nous déchire en mille morceaux. Les personnes qui ont connu de telles expériences du divin en demeurent bouleversées positivement pendant des années.

Imaginez qu'il soit possible d'entrer directement dans le silence. Voilà que nos yeux s'ouvrent sur la réalité même de la vie, voilà qui marque la fin de notre ignorance fondamentale, voilà que nous atteignons le but de notre pèlerinage humain.

*Entrer dans l'âme directement, voilà la commu-
nion, l'unique façon de se perdre pour se retrouver,
de mourir pour renaître, de tout donner pour tout
recevoir, de tout oublier pour tout connaître. Voilà
le seul voyage qui vaille la peine d'être accompli.*

Entrer dans la prière du silence, c'est passer soi-même dans
son entier de l'autre côté de la vitre de la perception, et d'y
disparaître. C'est être partout, en tout et avec tout, dans le cœur
et l'essence de tout, et même à la surface de soi.

11
La jouissance spirituelle

L A JOUISSANCE SPIRITUELLE, c'est la jouissance absolue dans l'être, dans le silence lui-même. C'est quelque chose de magique qui se produit et qui fait en sorte que notre existence jusque-là très limitée jouit soudainement de l'illimité. Nos yeux qui ne voient qu'à une certaine distance, qui ne perçoivent que quelques rayons de lumière et qui ne distinguent que certaines formes plus évidentes à la rétine se mettent tout à coup à jouir sans restriction, comme si l'infini de l'espace était contenu dans chacune des limites visuelles.

L'appareil sensoriel qu'on avait toujours jugé relativement imparfait se met à transcender sa propre activité de perception. Il fait découvrir l'illimité à l'intérieur de n'importe quelle limite.

L'ouïe, qui ne pouvait percevoir que certains sons faisant partie de la gamme totale des fréquences auditives, arrive tout à coup à jouir du son même de l'univers à l'intérieur de chaque perception spécifique.

C'est comme si, en regardant un rocher, on ressentait la totalité du plaisir d'exister de tous les rochers de l'univers. Ou comme si, en regardant une plante, on percevait le plaisir d'exister de tous les végétaux de l'univers. Quelque chose d'inimaginable accompagne la perception sensorielle : la jouissance de l'infini est perçue directement à l'intérieur du cadre de la perception, comme si le cadre était une fenêtre ouvrant sur un paysage sans fin.

Comment décrire ce qui ne peut être décrit, comment mettre en mots ce qui ne s'exprimera jamais par des mots, comment faire comprendre ce qui est au-delà de toute compréhension? Voilà la magie de l'âme! Elle réalise l'impossible. Même à l'intérieur des limites quotidiennes, la jouissance devient infinie.

Mais voilà qu'on peut ajouter un nouvel élément qui ouvrira la porte sur toutes les autres jouissances sans limite, soit la jouissance que procure la contemplation de ce qui se trouve à l'intérieur de l'âme elle-même. Tous les paysages y sont contenus, avons-nous dit plus tôt, et il ne s'agit pas là d'une forme poétique du langage. C'est la réalité! Les sons de l'âme transportent avec eux des rayons de lumière. La lumière de l'âme est éternellement étoilée et ses parfums sont radieux. Lorsqu'on goûte l'âme, de douces musiques viennent enchanter notre intelligence.

Lorsqu'on ouvre les yeux avec, en soi, une âme éveillée, on ne peut plus voir les choses de la même manière, puisque c'est l'âme qu'on perçoit en tout. On voit l'infinité qui danse en soi. L'infini est perçu dans l'infini, l'océan s'est uni à tous les autres océans, simultanément.

Sans l'âme, un cadre de perception sera toujours un cadre, et le désir de percer ce mur, de briser cette limite, d'élargir l'étendue limitée de notre jouissance sensorielle sera de plus en plus grand. Que le plaisir soit d'ordre mental, affectif, intellectuel, émotionnel, sexuel ou autre, il aura toujours sa limite; l'intensité que l'on recherche n'atteindra jamais l'absolu, sauf, peut-être, pour l'effleurer.

Alors qu'au moment même où l'âme vibre dans le système nerveux humain, chaque parcelle de la perception offre gratuitement la totalité de la jouissance à chacun de ses canaux. Et cette jouissance se produit dans le silence dynamique de l'âme.

Mais il y a plus encore que cela. Si nous pouvons voir avec les yeux du corps, ceux de l'âme nous permettent d'entendre, de toucher, de sentir, d'être l'autre et n'importe quoi. Nos pieds qui, normalement, nous permettent de déplacer notre corps d'un endroit à un autre, vont désormais nous faire transporter l'univers de l'âme. Si l'âme goûte une nourriture, elle goûte aussi l'infini de tous les goûts; elle goûte l'«inatteignable»!

On peut voir, goûter et sentir par le toucher. Grâce au corps humain, on peut devenir végétal, vivre le minéral, connaître l'angélique, être le divin, s'unir au corps planétaire, au corps cosmique, au corps spirituel de Dieu, etc. Quelle merveille! L'âme humaine se marie à toutes choses. Telle est l'étendue de la jouissance humaine: sans limite dans l'âme et sans limite dans le corps de perception.

Tant et aussi longtemps qu'on ignore l'âme, l'impossibilité demeure. La vie est le labyrinthe à parcourir pour aller à la quête du bonheur; jamais on ne semble pouvoir être de l'autre côté de ses murs. Les bords de l'absolu nous entourent, mais la vérité, semble-t-il, nous fuit aussi désespérément qu'elle nous habite.

Voici enfin que nous arrive la connaissance juste de la vie, le chemin du silence, la voie royale de l'âme. C'est le dernier des voyages, la première sortie en état d'apesanteur.

L'âme nous propose un voyage extraordinaire, sans même que nous ayons à nous déplacer. Elle nous ouvre les plus beaux horizons à partir de l'infini, qui occupe tout son espace. Les levers de soleil sont majestueux, mais l'éveil de l'âme les a créés en elle-même bien avant que nous puissions les apprécier avec nos yeux.

La prière de l'âme est celle du Créateur. Ce sont les mots de Dieu qui s'élèvent en nous et qui s'élancent dans l'espace de l'omniprésence. Aucune douleur ne peut dès lors nous habiter, puisque aucune résistance ne devient possible. Voilà la plénitude de la totalité qui ne peut rien nier.

L'éveil de l'âme est indescriptible. Pensez à la lumière matinale qui remplit complètement l'espace incroyablement vaste de l'horizon, et imaginez maintenant quelle peut être la splendeur de l'âme se profilant sur l'horizon de l'humain. La conscience humaine qui a été si longtemps enfermée dans des limites étroites voit tout à coup surgir, au-delà de ses frontières, les couleurs féeriques de l'Intelligence universelle.

L'âme ne prie qu'un seul Dieu, et c'est celui de l'univers total; et ce Dieu vit l'omniprésence en elle. L'âme prie dans tous les langages et selon toutes les formes. Elle prie son Dieu et elle Le reconnaît dans toutes ses manifestations; elle Le prie dans les formes infinies de la divinité. Elle connaît la nature puisqu'elle perçoit la sienne propre. Elle ne rejette pas la matière lorsqu'elle l'a elle-même créée.

Telle est l'étendue de la jouissance humaine. Il suffit d'ouvrir la porte de l'âme, de faire un pas en avant, et l'infini nous reçoit!

12
Nos âmes réunies

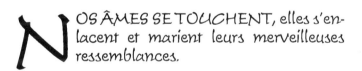
OS ÂMES SE TOUCHENT, elles s'enlacent et marient leurs merveilleuses ressemblances.

À la surface de nos vies, cependant, nous nous croyons étrangers. Nous dressons des barrières, nous nous faisons violence, nous détournons notre regard.

C'est ce qui se passe à la surface de l'océan. Les vagues peuvent paraître en conflit les unes avec les autres: elles se lancent à l'assaut des rivages, l'une annulant l'autre, la dernière effaçant les écumes et les marques laissées par les vagues précédentes.

Nous avons oublié que l'univers était notre océan d'existence; nous nous sentons donc séparés et isolés. Mais que s'évanouisse notre âme, qu'elle s'endorme tout à coup, et l'existence ne vaut plus rien. Les fleurs ne sauront plus le pourquoi de leurs pétales et de leurs parfums. Les planètes dévieront de leur route. Le désir même de créer s'endormira profondément dans la mémoire de Dieu.

13
La totalité

NOUS SOMMES REMPLIS d'une grande lumière et nous sommes assurés, dans notre mémoire la plus fine, de voir tous nos désirs se réaliser.

Nous sommes riches, intérieurement, d'une richesse inégalée qu'aucun trésor, aucun pouvoir et aucune connaissance ne pourra jamais atteindre. Notre âme est belle, et nous sommes beaux à cause d'elle. La beauté ne dépend pas de la courbe des lèvres ni de la carrure des épaules. La beauté vient de l'âme. Une grâce sans pareille se dégage de notre être en passant par chaque cellule de notre corps. La beauté s'exprime alors dans l'amour et la générosité qui émanent d'une personne.

L'amour que nous sommes est immense et invincible. Nous sommes l'amour et le pardon total jusqu'à la surface de notre être.

L'âme pardonne tout. Elle pardonne même à la vie d'apparaître si mortelle alors qu'elle ne l'est pas du tout. L'âme attend patiemment que le corps s'éveille, que l'intelligence s'ouvre à elle, que les émotions se relâchent au milieu de son silence. Elle nourrit notre désir d'immortaliser un jour la vie.

Quel sera notre destin? Que deviendrons-nous dans l'avenir? Ces deux questions ne font surgir qu'une seule réponse : Nous deviendrons notre âme jusqu'à la surface de notre chair, jusque dans le fonctionnement de l'ensemble de nos sens, jusque dans la transformation complète de notre environnement. Nous deviendrons fantastiques, incroyables, merveilleux, magiques et illimités.

Notre être se trouve déjà dans une félicité indescriptible et notre cœur est chatouillé par l'existence cosmique. Nous débordons de bonheur, et notre exaltation ne peut être restreinte par les limites de notre corps ou de notre environnement immédiat. Notre joie appartient aux intelligences et aux espaces universels.

Si nous souffrons, c'est que nous avons perdu contact avec notre âme; il n'existe aucune autre cause à la souffrance. L'âme est comblée. Elle vit d'abondance maintenant et toujours. Elle n'a peur de rien, et les événements physiques ou psychologiques ne peuvent la toucher. Quelqu'un pourrait-il modifier quoi que ce soit à l'omniprésence en déplaçant certains objets dans l'espace? Pourrait-il faire brûler l'omniprésence en allumant des feux ici et là? Pourrait-il enlever quoi que ce soit à l'omniprésence, puisque tout est en elle, sous une forme ou une autre? Essayez donc de détruire l'espace, de l'emprisonner dans un univers plus étroit ou de lui enlever une partie de lui-même; vous verrez qu'il vous sera complètement impossible de le faire. Même aux confins de la distance la plus lointaine, il y a encore l'espace. Personne n'arrivera jamais à fabriquer une boîte qui inclurait ou exclurait tout l'espace.

L'âme est cette conscience de l'omniprésence. On ne peut rien lui retirer. Voilà pourquoi tout devient rempli, comblé, total et satisfait lorsque l'âme s'éveille en soi. L'amour ne se résume plus à aimer ceux-ci et à rejeter ceux-là; ce type d'amour serait impossible à l'omniprésence. La spiritualité ne consistera pas à croire en ceci et à refuser cela; car cela aussi serait impossible à l'omniprésence.

La santé, ce n'est pas une mesure de vitamines ou de protéines dans un corps; c'est l'éveil immortel de l'âme dans sa propre omniprésence. La patience ne signifie pas qu'il faille supporter indéfiniment ce qui nous irrite; il s'agit plutôt d'être la totalité de l'étendue de toutes les existences.

Être ordonné ne veut pas dire qu'il faille tout mettre à sa place et vivre la rigueur de la sévérité. Il faut plutôt vivre l'ordre cosmique, celui qui fait que les feuilles s'envolent à tout vent pour s'éparpiller dans un désordre apparent; car rien ne viendra jamais contrecarrer la force invincible des saisons. Être ordonné, c'est vivre la totalité qui joint l'un à l'autre l'ordre et le désordre, pour les replacer dans un ordre encore plus grand, un ordre cosmique, invincible, universel.

Nous sommes tous des génies dans l'âme parce que la pure conscience crée l'infinité de l'existence à partir de rien, ce rien qui est son silence animé. Il faut jouir d'une très grande créativité pour pouvoir être parfaitement épanoui à l'instant présent. Seule l'omniprésence de l'âme nous accorde cette possibilité d'être la totalité. Autrement, nous ne pourrons jamais réussir à obtenir le bonheur total, quelle que soit notre intelligence rationnelle, intuitive, imaginative, physiologique ou génétique. Et même rendus au sommet de notre pouvoir créatif, nous serons incapables d'approcher l'Absolu. Toutes nos créations seront finies, limitées et temporelles, conçues à partir d'une fraction infinitésimale de l'intelligence et du bonheur totaux.

Être riche ne veut rien dire si l'on exclut l'âme. L'argent a-t-il réellement une valeur en lui-même? Celui qui est riche peut dépenser des milliers de dollars en quelques heures, mais il n'en retirera pas plus de bonheur que la personne qui s'est acheté un objet à dix sous. Être réellement riche, c'est posséder l'âme qui possède tout. C'est en elle que se cachent le bonheur total, l'épanouissement, la beauté, la grâce, le courage, l'humilité et la générosité. Mais, par-dessus tout, l'âme possède Dieu en elle, Celui qui est plus que la somme de tous les trésors de l'univers.

14
L'amour

IL N'Y A QUE L'AMOUR qui comble. Le reste est aussi vide qu'un décor sans personnages. Le reste n'est que misère, douleur et complications sans fin.

Mais chacun dira qu'il aime. Aimer ses propres enfants ne suffit pas; il faut aussi aimer ceux des autres. Aimer son pays ne suffit pas; il faut également aimer toutes les nations. Croire en soi n'est pas suffisant; il faut croire en chacun des êtres humains. Prier son Dieu ne suffit pas; il faut adresser ses prières au Dieu de toutes les autres croyances. Et il ne devrait pas être difficile de le faire puisqu'il n'existe qu'un seul Dieu.

La seule joie, le seul épanouissement réel qui puisse
exister, c'est d'aimer. La seule connaissance univer-
sitaire qu'il faille enseigner est celle qui nous ap-
prendra à aimer. Tout le reste est sec, mort, vide et
dangereux.

S'il nous faut chanter, alors chantons en aimant. S'il nous faut
danser, alors aimons le corps qui cherche à suivre les mouvements gracieux de notre âme. S'il nous faut manger, alors
nourrissons-nous de ce que nous n'avons pas d'abord assassi-
né; mangeons plutôt de ce qui s'offre à nous comme nourriture.

Aimer est la seule richesse, la seule possession qui
ne nous alourdit pas. C'est la seule chose que l'on
peut emmener en paradis. Le reste s'échappe de
nos mains avec la venue de la mort; le reste s'efface
avec le temps; le reste s'arrache de soi et malgré
soi.

Aimer à partir de l'âme est la seule force invincible qui soit. On
ne peut rien enlever à cette qualité d'amour, et on ne peut non
plus rien y ajouter d'autre qu'une félicité accrue et illimitée.

Les conquérants ont presque toujours érigé leurs châteaux sur le sang des vaincus, et leurs réalisations sociales et matérielles sont admirées des ignorants. Il nous faut maintenant construire les routes des échanges et de l'amitié, et non pas celles des exploitants et des marchandises volées. Il nous faut édifier une société basée sur des regards charitables et non sur le sang des vaincus. Les personnes égoïstes, cruelles ou exploiteuses ont déjà commencé à souffrir d'une pauvreté sans pareille dans l'au-delà.

Il n'y a que l'amour qui puisse exister dans l'âme. Une lumière de richesse y brille sans cesse; un visage chéri, le regard de toutes les personnes amies nous y attendent. La prière de l'âme aime d'un amour incroyable, un amour qui transforme, qui nous fait prendre de l'expansion, qui nous fait devenir limpides et purs. Le ciel danse entre nos bras, et nous devenons remplis d'espace.

Mes doigts sont des nuages, la paume de mes mains est un ciel en elle-même. Mes cheveux sont des forêts de toutes les formes et de toutes les couleurs.

Ma tête est une planète formidable. Sous mes pieds se déroule le fond des océans, palpite le nid de l'aigle, se tapit le louveteau dans sa retraite.

Je suis de toutes les races et de toutes les espèces. Je suis un insecte et je ressemble aux humains.

De grands oiseaux aux ailes frémissantes volent au-dessus de ma tête. Des papillons multicolores viennent se poser sur moi afin de se reposer de leurs longues migrations.

L'amour est mon cœur, l'amour est mon front, l'amour est mon bras, l'amour est mon nez, l'amour est mon ventre.

J'entre dans l'amour comme dans un abîme sans fond.

J'ai peu de choses à dire, sauf ce qui importe. Et ce qui importe, c'est d'aimer!

15
L'océan de l'amour

L A CONSCIENCE EN L'ÂME s'anime parfaitement dans toutes les directions. Elle est infiniment dynamique à l'intérieur même du silence de l'univers. La dimension omniprésente pétille d'énergie.

L'amour, qui n'avait été jusque-là qu'un point de vue, englobe maintenant tout. L'univers entier n'est pas plus profond ni plus large que mon âme. Toute la diversité, tous les opposés ne sont rien d'autre que l'âme. Il n'existe qu'une seule substance : la conscience omniprésente qui vit silencieusement l'amour.

L'amour n'est plus une émotion; il est la somme de tous les sentiments. L'amour n'est plus l'attraction exercée par des atomes corporels ou des affinités psychologiques; il est la force subtile qui maintient ensemble toutes les parties de l'univers. L'amour ne peut jamais mourir puisqu'il existe depuis l'origine. Il n'est plus dépendant des événements, et rien ni personne ne peut quitter la somme de cet amour. Il est infini, indescriptible et insondable, même quand il est vécu sous sa forme quotidienne.

L'amour est l'état de la conscience qui existe à l'intérieur de l'omniprésence. C'est donc tout, c'est donc l'abondance. C'est donc l'existence qui ne peut rien rejeter des formes, des espèces et des modes de l'être.

L'océan de l'amour exprime à l'infini des vagues d'amour. J'aime parler de l'amour. J'en parle comme s'il s'agissait de mon frère, de mon enfant, de mon père, de ma mère, de mes amis. Je parle de l'amour comme si c'était l'épouse intime de mon être.

16
Nos prières

QUELLE QUE SOIT LA MANIÈRE DONT ON PRIE, que notre prière soit lue ou récitée après avoir été mémorisée, qu'elle fasse partie ou non d'un rituel religieux, qu'elle soit l'expression d'un groupe ou d'une personne enfermée dans la solitude de ses sentiments, chaque prière, sans exception, va vers Dieu lorsque c'est Lui qui est l'objet de nos désirs.

On peut se faire différentes idées de Dieu. On peut imaginer Son visage sculpté dans le bois ou la pierre; on peut Le percevoir comme un pur esprit ou comme le Roi de la nature; on peut Lui donner le nom de Sauveur incarné ou de Père céleste; on peut se Le représenter sous une forme masculine, féminine ou neutre; on peut L'identifier à l'Intelligence cosmique ou à l'Énergie universelle. Cependant, toutes les prières qui sont adressées à ce qui, pour nous, représente, incarne et inspire la divinité, vont toutes, sans exception, vers Dieu.

Il n'y a qu'un seul Dieu au-dessus et au-dedans de tous les hommes. Néanmoins, il est normal que les humains n'aient pas tous la même conception de ce Dieu et que leur foi ne s'exprime pas toujours de la même manière. Tous les hommes sont nourris par Dieu d'une manière unique, tout comme la pluie alimente chaque plante à sa façon, indépendamment de sa taille, de sa couleur et du rôle qu'elle remplit. Dieu donne vie à tous les humains, peu importe l'endroit où ils habitent sur la planète, et il en est ainsi pour toutes les sociétés, passées, présentes ou futures.

Dieu est comme l'océan qui accepte sans restriction toutes les rivières et tous les fleuves qui viennent se jeter en Lui. Que le cours d'eau soit clair et limpide ou qu'il soit plutôt boueux, que l'eau soit bleue, grise ou noire, qu'elle atteigne la mer avec fureur ou qu'elle s'y rende très calmement, avec douceur, comme si elle voulait se déposer, que les courants soient noyés de pluies ou de brume, que les eaux soient chaudes, froides ou tièdes, toutes rejoignent l'océan à leur manière, et l'immensité les reçoit sans restriction.

Considérez le contenu de l'ensemble des prières qui ont été adressées à Dieu dans toutes les sociétés, et vous verrez qu'elles se ressemblent énormément. Chaque siècle a exprimé les mêmes aspirations et vécu des souffrances semblables. Les humains ont tous exprimé à leur Dieu les mêmes supplications et les mêmes remerciements.

Certains d'entre eux ont prié dans le silence de lieux retirés. D'autres se sont regroupés pour réciter des prières et participer aux rituels de leur foi. Ici, on a voulu approcher Dieu par le chant et la danse. Ailleurs, aucune ascèse n'était trop forte pour arrêter les chercheurs assoiffés de divin. Dans certains pays, on faisait brûler de l'encens pour Dieu.

L'histoire nous a fait connaître le nom célèbre de Zeus, le dieu de la civilisation grecque. Dans les Amériques, c'était Manitou, le Grand Esprit des Amérindiens, qui protégeait les peuples et donnait vie à la nature. Aujourd'hui, nous honorons Jésus, Brahma, Bouddha ou Krishna, les différents noms que l'on a donnés à Dieu. Si notre mémoire était solide, nous pourrions nous rappeler plusieurs autres de ces noms. Ceux-ci ne sont maintenant connus que des historiens, car le temps en a effacé le souvenir. Certains de ces anciens noms de Dieu ont pu connaître une gloire qui a parfois duré des millénaires.

L'intellect, les émotions et même le corps des humains sont très différents les uns des autres, et c'est en cela que réside l'origine des multiples modes de prière et de connaissance spirituelle. Mais, outre cet aspect, il nous faut signaler que Dieu a voulu se présenter lui-même aux habitants de la terre. Il a emprunté les personnalités de différents prophètes et a divulgué des enseignements particuliers capables de s'adapter aux besoins spécifiques de chaque époque.

Il semble que Dieu lui-même n'ait pas voulu homogénéiser les modes de perception de Son infinie divinité. Son enseignement suprême révèle l'âme et laisse les modes de vie à leur tendance naturelle. Connaître l'Océan de la conscience soutient la totalité des expressions individuelles des vagues.

La prière de l'âme est la seule qui respecte toutes les croyances individuelles parce qu'elle représente la prise de conscience de ce qui transcende et dépasse les individualités. La prière de l'océan de l'âme est éternellement une, infinie et comblée de félicité.

Cette prière de pure conscience se situe en deçà de toutes les actions de la dévotion humaine, par-delà les différences entre les intellects et les modes de vie. La prière de l'âme se trouve loin sous la surface des rituels. Elle est également loin sous la surface des éléments culturels et traditionnels reliés aux croyances et aux enseignements dispensés par les Églises et les religions du monde. La prière de l'âme est la dernière révélation de Dieu. Aucune autre prière n'est celle de l'univers lui-même.

Voilà comment s'explique la différence qui existe entre les prières, qui sont les vagues, et la prière de l'âme, qui est l'océan lui-même. La prière de l'âme est celle du silence et non pas celle qui surgit des personnalités psychologiques. Elle n'est ni la prière d'une culture, ni celle d'une société, ni celle d'un groupe, ni celle d'un individu. Cette prière n'appartient à personne. Elle ne s'inscrit à l'intérieur d'aucune religion actuelle et d'aucun vocabulaire humain. On la découvre lorsqu'on fait l'expérience du silence intérieur, au moment où tout ce que l'on est s'est complètement apaisé.

Cette prière de l'âme se situe au-delà de nos propres pensées. Voilà pourquoi elle est présente chez tous les autres humains. Elle est également présente en toute chose, simultanément, ainsi que dans l'Âme universelle qui nous englobe et que notre âme contient tout à la fois. Lorsqu'on fait l'expérience de la prière de l'âme, on se rend compte que l'univers entier prie à l'intérieur de soi.

Les autres formes de prières prennent place dans une portion d'espace et de temps. Celle de l'âme existe dans un état permanent et infini. La prière de l'âme, même si elle ne dure qu'un seul instant, est perçue comme si c'était l'éternité sans fin qui venait de prier en soi. Voilà ce qu'est la réalité de cette prière sublime. Elle est, par son silence, la somme des voies spirituelles, humaines et autres.

On sait par expérience que l'Âme de Dieu ne réussit pas à se refléter parfaitement dans le miroir de la personnalité, car celle-ci est encore limitée et tendue. Le visage de Dieu ne se reflète pas non plus parfaitement dans le corps humain, parce qu'il est encore faible. Pas plus qu'il ne se reflète dans les émotions, car ces dernières montent et redescendent continuellement, comme des vagues poussées par le vent. Mais dans l'âme qui est le silence, le visage de Dieu est réfléchi comme dans Son propre miroir.

La prière de l'âme s'accomplit dans une autre dimension. Elle affirme dans son silence tout ce qui pourrait être dit sur les qualités infinies de Dieu. Car si on devait exprimer en une seule phrase la totalité de Dieu, seul le son parfait du silence, celui qui est rempli de pure conscience, de jouissance, de grâce, de noblesse, de plénitude et de force, émanerait de notre âme.

Oui, toutes les prières sans exception vont vers Dieu, à leur manière. Mais la prière de l'âme est unique, car elle ne surgit pas de nos pensées, elle ne naît pas de la somme de nos souffrances quotidiennes, non plus que de nos émotions ferventes ou empreintes de dévotion religieuse. Cette prière du silence vient directement de Dieu vers notre âme, et elle retourne immédiatement à Lui, en soi.

17
Danser son âme

J E L'AI DÉJÀ DIT, j'aime parler de l'âme.
C'est comme si mon cœur jouissait au moment où je m'approche, avec des mots humains, de l'expérience elle-même, qui est la simplicité indescriptible du silence. Parler de l'âme,
c'est exprimer la totalité. C'est libérer l'amour
intérieur.

Si je pouvais dessiner l'âme en prière, je laisserais la toile blanche, magnifiquement blanche,
mais on y verrait en même temps toutes les
couleurs de l'existence, peu importe l'angle sous
lequel on se placerait. Ce serait une toile

vi vante, et aucune limite ne pourrait la restreindre,
ni dans le temps ni dans l'espace.

Si je pouvais danser la prière de l'âme, mon corps s'élèverait
dans les airs au moindre mouvement d'amour en provenance
de mon cœur. La musique de mes mains me mettrait en état
d'apesanteur. Je me laisserais flotter librement pour survoler
les paysages, en direction des collines ou de la mer. Je monte-
rais très haut, sans m'inquiéter un seul instant; puis, dans une
dissolution totale de mes sens, je deviendrais l'espace merveilleux qui accueille le coucher du soleil. Telle serait ma danse
de la prière de l'âme.

Si je pouvais dire la prière de l'âme, je m'exprimerais dans
toutes les poésies du monde et je n'utiliserais que l'infini des
mots. Tous les langages connus seraient ainsi liés au silence. Je
demeurerais parfaitement silencieux tout en m'exprimant à
pleine voix.

18
La nuit ne s'éteint jamais

SE PEUT-IL QUE JE SOIS EN PRIÈRE durant mon sommeil? Il me semble que mon âme prie même lorsque aucun mot ne vient à mon esprit pour décrire ma vie, même lorsqu'il ne reste plus rien de moi dans ma conscience habituelle.

Il y a de ces moments, dans ma nuit profonde, où je ne sais plus rien de la hiérarchie terrestre, rien des hommes, des animaux ou des plantes. Il y a de ces espaces, dans mon sommeil profond, où il ne se produit plus aucun événement, où aucune image n'apparaît sur l'écran de ma conscience. Même les êtres qui me sont les plus chers sont séparés de moi par une distance qui me paraît infranchissable.

Pourtant, ma prière se poursuit malgré cet anéantissement de moi-même, et je sais qu'elle est vraie. C'est dans la mémoire de mon âme que la prière de mon âme se déroule; c'est dans la Mémoire de Dieu qu'elle s'inscrit. Il me semble que mon corps lui-même est rendu immortel à cause de cette mémoire parfaite, car mon âme garde en elle le souvenir de l'existence totale de ce que je suis.

Il est vrai qu'à la mort, le corps de chair disparaît et qu'il est rapidement détruit, mais je sais aussi que le corps tout entier est gardé intact indéfiniment. Une fois l'âme éveillée, il devient impossible de perdre quoi que ce soit. Ce corps de chair qui nous semble si familier en ce moment est maintenu dans la mémoire de l'âme, et il survit. La masse de chair qui constitue notre demeure n'est en réalité qu'une **copie de notre vrai corps de lumière**, celui dans lequel nous habitons réellement, et depuis toujours, à l'intérieur de l'âme.

Ceux que j'aime et ceux qui m'aiment sont avec moi dans cette mémoire de l'âme. Je ne suis séparé de rien ni de personne. C'est à cet endroit que se déroule ma prière, sans paroles, sans mots reconnaissables, sans frontières humaines. Mon âme prie en moi lorsque je dors. C'est son immortalité qui prie ainsi alors que je repose, endormi, dans la jouissance de l'être.

19
Le vase et son espace

IMAGINEZ UN VASE qui prend soudainement conscience de l'espace. Non pas uniquement celui que sa forme délimite et occupe, mais aussi celui qui l'entoure de partout. Ce vase aurait alors une vision incroyable de l'existence. Il apprendrait que l'espace est simultanément ici et là, et partout: en lui, autour de lui et ailleurs aussi.

Même ses parois qui délimitent sa forme sont remplies de ce même espace fantastique qui l'accueille et le recouvre. Quelle ouverture que de voir tout à coup au-delà de ses propres limites! Quelle illumination que de découvrir ce qui est omniprésent! Car l'espace est omniprésent..., et l'âme est ce qui rend l'espace physique omniprésent. Elle est la conscience qui fait en sorte que l'espace physique soit partout, même en ces lieux où seul le vide est présent.

Aucune omniprésence ne peut exister si elle n'est conscience. Sinon, il n'y aurait que des parties détachées. Sinon, tout serait fragmenté, divisé, et les composantes de l'univers ne seraient pas liées entre elles. Mais la logique de l'observation permet de reconnaître l'existence de liens infinis d'intelligence, d'énergie et d'ordre. Ces liens rassemblent l'une avec l'autre toutes les parties de l'univers, où qu'elles se trouvent, peu importe la distance et le temps qui les séparent.

L'omniprésence, c'est l'âme, et rien d'autre! Rien ne peut être omniprésent si ce n'est la conscience elle-même. L'âme est l'omniprésence! Voilà ce qu'on découvre lorsqu'on pénètre à l'intérieur de celle-ci. C'est dans cette découverte fondamentale que se trouve l'origine de toutes les visions spirituelles, de toutes les exaltations divines, de toutes les perceptions d'immortalité. C'est dans cette découverte que se trouve la clef des miracles.

Toutes les possibilités de Dieu sont réalisables en Dieu. Tout ce qui a été dit sur la spiritualité réelle, tout ce qui a été vécu a débuté directement à partir de cette EXPÉRIENCE de la nature omniprésente de la conscience de l'âme. Non pas que JE sois omniprésent. Non pas que mon corps, ma personnalité ou mon intelligence le soient; mais mon âme, au cœur de mon existence personnelle, concilie l'indescriptible paradoxe des limites et de l'illimité, de la présence et de l'omniprésence, du matériel et du spirituel, de l'humain et du divin, du mortel et de l'immortel. Je suis cela, je suis cette totalité, alors qu'avant, je n'étais qu'une juxtaposition de fragments séparés.

20
La prière dans l'Absolu

NOS PRIÈRES SONT IMPARFAITES et incomplètes, et elles le seront toujours, à moins qu'elles ne s'élèvent directement de notre âme. Autrement, nous ne pouvons exprimer par nos pensées, par nos émotions et par notre intellect qu'un aspect à la fois de la réalité totale et infinie. Notre prière peut être joyeuse, mais elle ne le sera pas de manière infinie. Nos paroles de louange envers Dieu peuvent être sincères, mais elles ne le seront pas dans l'éternité de l'existence.

Prier en dehors de la conscience de l'âme ne représentera jamais plus qu'un reflet de la lumière de l'existence que l'on offre à Dieu et non pas l'entièreté du tout. Telle est la réalité dans le monde phénoménal de la création.

Lorsqu'une chose est exprimée, d'autres aspects demeurent inévitablement cachés. La roche est dure, la propriété de fluidité étant inhibée en elle. La chaleur empêche, à un endroit donné, l'existence simultanée du froid. Toute expression de vie n'offre qu'un aspect de la réalité à la fois. Plusieurs qualités peuvent s'exprimer simultanément à partir d'un même objet, mais jamais cet objet ne pourra rendre la totalité des possibilités. Jamais ces possibilités ne seront présentées de façon absolue, éternelle, infinie!

Avec la découverte de l'âme, la prière devient accomplie dans l'absolu. Prier, c'est remercier totalement. La prière de l'âme ne peut que remercier parce qu'elle ne ressent que de la joie. L'âme n'est jamais fatiguée; elle ne connaît pas la douleur, et elle ne peut donc souffrir d'aucune séparation ni d'aucun manque. L'âme est éternellement liée à tous ceux qu'elle aime. Elle est éternellement rapprochée du cœur de tous les êtres.

L'âme ne connaît pas l'impatience parce qu'elle vit déjà le but de tous les mouvements d'évolution de la création. Elle a atteint tous les objectifs réalisables. La connaissance qu'elle exprime ne lui appartient pas. Elle vit en accord avec la sagesse divine, qui comprend tout à sa place.

L'âme est comblée instantanément et immédiatement parce qu'elle n'a pas de désir à réaliser pour elle-même ni pour Dieu. Dieu connaît Sa propre finalité et Il est déjà éternellement épanoui. L'âme ne reçoit que du bonheur de toute part, car elle est, en elle-même, l'état le plus réceptif qui puisse exister. Il n'y a en elle pas de place pour qu'on puisse ajouter quoi que ce soit à sa plénitude.

Voilà pourquoi la prière de l'âme, dans son silence, est l'expression complète de la prière vue sous tous ses angles, simultanément. Toutes les qualités de toutes les prières possibles sont présentes à chaque instant, et de façon complète, dans chaque aspect de la prière de l'âme. C'est comme si l'on regardait une facette d'un diamant et qu'on y voyait briller toutes les autres facettes de cette pierre précieuse.

L'âme est d'une telle transparence qu'elle est consciente de sa propre omniprésence. Chaque facette du diamant de l'âme est l'âme totale. Quel que soit l'angle sous lequel on l'observe, chaque facette de la prière de l'âme contient toutes les qualités de toutes les prières qui peuvent exister dans l'univers.

La prière de l'âme est la perfection de la sagesse, mais elle est également totalement ignorante, dans une innocence et une insouciance absolues. La prière de l'âme est pure, mais elle est du même coup complètement souillée à cause des mélanges infinis qui existent dans l'univers, puisqu'elle est présente dans l'omniprésence.

L'âme est mêlée à tout ce qui lui ressemble et à tout ce qui lui est opposé. La prière de l'âme est l'expression d'un silence parfait, mais aussi celle du dynamisme infini de Dieu, qui crée et recrée sans cesse.

Une parole ne révèle qu'une facette, qu'un angle d'une réalité ou d'un concept. Un mot ne peut avoir toutes les significations de tous les autres mots qui pourraient être dits.

L'âme n'est silencieuse que lorsqu'on la découvre dans le silence. On s'aperçoit qu'elle est infiniment dynamique lorsqu'on la connaît à l'intérieur du dynamisme de son silence. Le mot «silence» réussit donc à décrire quelque peu la réalité de l'expérience de l'âme, mais une autre expression définit l'âme encore plus parfaitement : elle est le dynamisme infini de la pure conscience.

On fait l'expérience de l'âme d'une manière si naturelle qu'on n'a jamais besoin de s'expliquer quoi que ce soit à son sujet. La prière de l'âme est complète en elle-même. Elle nous accepte tels que nous sommes et nous illumine à l'extérieur de ce que nous sommes. Elle nous élève au-dessus de ce tout ce que nous pourrions souhaiter devenir. Cette prière fait de nous quelque chose de mieux que ce que l'univers lui-même pourrait être s'il atteignait à sa perfection. Mais il ne parvient jamais à sa finalité, sauf pour l'âme, qui le précède et le soutient entièrement.

Dieu ne peut jamais décevoir l'âme, parce que c'est Lui, la réalité. Dieu comble toujours le moment présent dans l'existence de l'âme. Voilà pourquoi l'âme ne peut prier que de la joie; rien d'autre ne peut même apparaître à son regard.

21
Les expériences spirituelles

OUTES LES EXPÉRIENCES spirituelles se déroulent dans l'âme. À vrai dire, il ne peut exister aucune expérience spirituelle qui ne soit vécue en dehors de l'âme elle-même.

Ce que nous appelons communément la «spiritualité» n'est, la plupart du temps, qu'une activité particulière des émotions ou de l'intellect. Cette sorte d'expérience est fabriquée plus ou moins artificiellement à partir de nos limites individuelles et des conditionnements de notre éducation religieuse. Un grand nombre d'expériences dites spirituelles ne sont en réalité que des intoxications de l'intellect ou des émotions, qui seraient reliées à l'idée répétée de Dieu.

Une réelle expérience spirituelle sera toujours perçue comme étant infinie et indicible. Elle semblera
ne pas avoir existé, car elle ne laisse aucune impression, sauf en ce qui a trait à l'immensité de l'être
et à la totalité de la conscience. La lumière de
l'expérience spirituelle n'est pas celle des choses
lumineuses.

La spiritualité de l'âme ne peut s'approprier aucune expérience puisque ces dernières appartiennent toutes éternellement à l'omniprésence. Lorsque se produit une réelle
expérience de spiritualité, on a l'impression qu'il ne s'est rien
passé, sauf dans une autre dimension de la réalité, sauf dans
l'infini en soi.

Comprendre tout sans devoir recourir à la pensée
est une expérience spirituelle. Être tout instantanément constitue aussi une expérience spirituelle. Être
infini et voir l'infini ici et là et partout est également
une expérience spirituelle. Savoir en quoi consiste
la beauté infinie ou l'une et l'autre des qualités dans
l'absolu de la vie, de Dieu, de l'Être, voilà une autre
expérience spirituelle. Vivre le moindre petit événement... n'importe quoi, finalement: lever un doigt,
ouvrir les paupières, marcher, manger, respirer,
parler à quelqu'un, tout cela peut devenir une
expérience spirituelle indicible si le silence de l'infinité et de l'immortalité vient l'imprégner.

L'expérience spirituelle ne contient pas d'émotion particulière, sauf celle de l'infini: joie infinie, pardon infini, force infinie, etc. L'expérience spirituelle n'est rien d'autre que le silence qui est soudainement entré dans les limites d'un corps quelconque pour le rendre illimité et le remplir de plénitude.

Comment savoir si on a réellement vécu une expérience spirituelle? Lorsqu'une plénitude sans limite devient la réalité de l'expérience! La spiritualité, c'est l'abondance de la pure conscience. Tout le reste fait partie des limites. Voir un ange n'est pas une expérience spirituelle à moins que la vision ne fasse transparaître l'infini et la plénitude sans l'apport de mots. Si l'infini est absent, une telle vision ne sera rien d'autre qu'un coup d'œil subtil jeté par le télescope du cerveau. Cependant qu'avec l'âme, la pure conscience infinie imprègne notre vision d'un céleste visage angélique qui nous illumine de sa tendresse indicible.

L'expérience spirituelle se produit dans l'âme, alors que les émotions ou les idées du spirituel ne peuvent se manifester que dans la personnalité psychologique.

Les plus vastes visions spirituelles sont toutes simples dans l'âme. La compréhension de la nature de Dieu et de Son existence se fait directement dans l'âme, sans qu'interviennent les mécanismes de la pensée. Cette perception surgit de nulle part en particulier et de partout à la fois, comme l'eau qui jaillit d'entre les rochers là où la source se situe.

Les expériences spirituelles naissent de l'âme sans qu'on ait besoin d'y réfléchir, sans qu'on doive faire appel à l'imagination. Elles ne dépendent pas des mécanismes mentaux et sensoriels ordinaires. Ce n'est donc pas en pensant longuement à un sujet d'ordre spirituel ni en voulant en approfondir la signification qu'on pourra le saisir dans sa dimension infinie.

Il est impossible de comprendre une idée spirituelle avec son cerveau humain, car Dieu ne pense pas avec des mots humains. Voilà pourquoi ceux qui ont entendu la Parole de Dieu ont d'abord été plongés dans le plus parfait des silences, ne sachant plus rien par eux-mêmes. Dieu fait taire notre verbiage mental, puis, en un seul instant de silence, Il nous transmet des milliers de pages de Sa connaissance transcendante. Il faut toute une vie pour se rappeler les milliers de mots infinis que Dieu nous a légués en une seule seconde d'expérience spirituelle dans le silence de Son Âme.

Même avec la plus grande sincérité religieuse, il est impossible de vivre une seule expérience spirituelle réelle, que ce soit par la pensée, par l'imagination ou par les sentiments, ou encore à partir de rituels extérieurs, de prières, de gestes, de lectures, ou de l'utilisation de l'intellect, à moins que cette expérience ne se produise spontanément. Aucune manipulation volontaire ne pourra jamais déboucher sur l'expérience réelle de la spiritualité. Tout ce qu'on pourra obtenir ne dépassera jamais le stade des idées et des émotions sur la spiritualité.

> Lorsque la dimension spirituelle surgit de l'âme, l'expérience la plus insignifiante du vécu quotidien s'élève tout à coup au statut d'infini, de pure intelligence dans l'omniprésente luminosité.

La vision spirituelle n'existe que dans la perception de l'âme, qui est l'infini. Cette dimension spirituelle est apportée à l'âme de façon gratuite, instantanée, automatique. Elle n'est basée ni sur la mémoire, ni sur les acquis, ni sur des mécanismes émotifs, intellectuels ou autres. Elle ne dépend ni de ce que nous croyons ni du nom par lequel nous désignons notre Dieu.

> Lorsque Dieu nous touche, nous perdons notre foi et nous recevons automatiquement la Sienne. L'expérience spirituelle dépend de l'éveil de l'âme. Et l'éveil de l'âme dépend de notre capacité d'expérimenter le silence au-delà de la pensée. Toute autre chose n'est qu'une idée de la spiritualité, une émotion de la spiritualité, une tentative pour se projeter dans le désir de percevoir la dimension spirituelle.

On a souvent confondu expérience spirituelle et désir du spirituel, ce qui, finalement, ne fait que développer une conscience plus aiguë de son immense manque spirituel.

L'âme est une fenêtre grande ouverte sur l'infini. Toute autre chose n'est qu'une fenêtre dessinée sur un mur, et à l'intérieur de laquelle on a peint un paysage. Parler de son Dieu, enseigner le nom de son Dieu, lire les paroles divines, vivre de l'inspiration des saints et des sages, tout cela n'est que suggestion de Dieu, alors que l'âme est la spiritualité dans sa forme la plus pure. Toute la religiosité des millénaires passés n'a malheureusement été que suggestion du spirituel.

22
Le calcul des dimensions de l'âme

L'ÂME EST UN REFUGE DE SILENCE. Elle recouvre des espaces grandioses à l'intérieur d'une dimension impossible à décrire. S'il fallait mesurer l'étendue de l'âme, nous nous mélangerions en cours de route dans nos calculs. Nous nous endormirions, tels des enfants qui, alors qu'ils écoutent des histoires merveilleuses, ne peuvent s'empêcher de sombrer dans le sommeil des anges. Nous nous retrouverions ainsi dans le vaste univers des sommeils d'enfant.

L'unique manière de calculer l'infini est d'y être, d'être cet infini en soi. Si le lecteur n'a pas encore l'expérience du silence de l'âme, il peut néanmoins comprendre ce qu'on dit de son étendue, de façon certes indirecte mais proche de la réalité. Chaque fois qu'on est sur le point de succomber au sommeil, on quitte les critères de mesure qui sont ceux de l'éveil objectif. Tout devient vague, distant, impossible à cerner de manière objective et précise. Puis l'esprit se vide complètement, et c'est le saut dans l'inconscience du sommeil profond.

Il existe donc un moment, juste avant d'entrer dans un sommeil profond ou juste au moment d'en sortir, où l'on retrouve une conscience sans mesure qui ressemble, pour ainsi dire, à celle qui est présente dans l'âme. C'est là que peut se faire le calcul de l'étendue incommensurable de la conscience.

Mais lorsque l'âme tourne son regard vers elle-même – comme on tournerait la tête de gauche à droite, puis de haut en bas pour embrasser l'horizon qui nous entoure –, elle connaît sa propre dimension d'infini. Elle parcourt alors son espace interne avec grand délice, évaluant ce qui l'habite et ce qui l'entoure.

L'âme est vaste. Pour en faire le tour, il faut franchir d'incommensurables distances, lesquelles dépassent de très loin tout ce que pourrait concevoir l'intelligence.

L'âme est radieuse; elle irradie la lumière aveuglante des soleils en explosion perpétuelle. L'âme est douce; elle a la douceur des joues d'un nouveau-né. L'âme a un pouvoir miraculeux, comparable à celui qui transforme la conscience en matière, ou à celui de la présence de Dieu dans notre cœur.

23
La connaissance parfaite

ORSQU'IL EST PLONGÉ DANS LE SILENCE, l'intellect
devient pure conscience. Les décisions sont alors
prises selon l'ordre cosmique naturel; les émotions
deviennent celles de l'âme, et tout bonheur en est le centre. La
perception sensorielle est celle que l'âme a voulue; le plaisir
total nous appartient.

Lorsque je m'interroge sur tel ou tel sujet, je laisse mon âme
répondre à mes questions. Et voilà que tout à coup je comprends, sans qu'une seule phrase ne surgisse dans ma tête.
Mon âme répond à tout ce que je cherche. Je sais les choses,
sans avoir besoin de réfléchir et sans avoir accumulé de
connaissances. Je comprends sans devoir tout savoir et je sais

sans devoir chercher à comprendre. Je *suis* la réponse en mon âme. La connaissance parfaite ne déçoit jamais.

L'action sensorielle parfaite implique un abîme insondable de silence. Elle me fait goûter la plénitude du plaisir sensoriel. Je deviens alors l'objet de ma propre perception sensorielle et je connais cet objet dans sa plus totale intimité d'être.

Si je regarde un rocher, je sais ce que c'est que d'être minéral. Je connais la nature de ce rocher; je connais sa force, sa conscience et sa raison d'être en cet endroit particulier. Si je vois un oiseau, je sais ce que c'est que d'avoir des ailes et je connais le pouvoir du vent. Sur le plan de l'être et au niveau de l'âme, on devient arbre ou planète. La connaissance se révèle à soi naturellement. Rien d'essentiel ne nous échappe puisque l'âme nous fait connaître l'âme de toute chose.

Lorsque j'aime, c'est le silence qui aime, et la satisfaction est alors complète. Lorsque je pense, c'est le silence qui pense à ma place; les mots de la pensée deviennent alors transparents, si bien que l'infini de l'espace passe entre eux. Chaque pensée se manifeste comme si elle se trouvait sur le sommet du monde. Rien ne peut y être à l'étroit ou resserré.

Tous les concepts deviennent légers comme l'invisible. Les mots de la pensée, qui n'ont aucune réelle signification par eux-mêmes, acquièrent instantanément un sens: celui de la totalité de ce qui nous appartient dans l'âme. Une simple phrase énoncée dans le langage de l'âme contient toutes les significations que les mots n'arriveront jamais à exprimer.

Habituellement, lorsqu'on parle, on dit certaines choses alors que tout le reste – ce qu'on n'a pas encore dit – demeure en attente ou caché. Pour dire tout ce que l'on pense, il ne suffit pas de parler longtemps, ou à toute vitesse, afin de couvrir le plus grand territoire possible avant qu'on nous interrompe. Il ne sert pas à grand-chose de proposer une quantité impressionnante de points de vue ou de défendre une opinion en érigeant autour d'elle des murailles d'arguments. Il est tout aussi inutile de chercher constamment à nuancer sa pensée en proposant des concepts savants. Non, il suffit de dire tout bonnement ce que l'on veut dire, en toute simplicité, avec le silence logé au centre de son âme.

Ainsi, tout ce qui ne peut être dit avec des mots humains ~ parce que ces derniers sont nécessairement toujours incomplets ~ sera incorporé immédiatement, et de façon invisible. Les personnes qui entendront les phrases inspirées du silence de l'âme pourront percevoir ~ sans même avoir besoin de le savoir consciemment ~ les innombrables niveaux d'interprétation qui peuvent s'appliquer à une seule phrase de l'âme. Ou bien ils goûteront consciemment une satisfaction qui, pourtant, n'avait jamais fait partie du langage lui-même. Tel est le pouvoir de la connaissance parfaite.

Le silence est tout à la fois la fin du langage et son origine. Le silence est la fin de la connaissance. Il épanouit le «connaissant», il révèle l'infinité dans l'objet à connaître, il efface le passage du temps qui, autrement, nous maintiendrait toujours à une certaine distance du savoir. Telle est la connaissance parfaite, celle qui est en notre âme.

24
Penser sans pensées

ES YEUX SONT INTÉRIEURS. Ils ne voient que la lumière de mon âme en tout ce qu'ils regardent. Je ne vois que ce qui se trouve à une distance infinie. Ce qui est restreint, étroit, refermé ou limité n'entre pas dans mon œil avant d'avoir été spontanément élargi, jusqu'à toucher l'infini.

Tous les éléments de la perception sont transformés en mon être, et cela ne me demande pas beaucoup de temps. La souffrance elle-même commence à être transformée en bonheur.

Je ne vois plus dorénavant uniquement par mes yeux; je vois par l'âme. Je ne fais plus rien par moi-même et tout seul. J'agis par le pouvoir de l'âme, qui emporte avec elle l'amitié de l'universelle existence. Je ne pense plus par moi-même; je pense ce que pense l'âme, à sa manière infinie. Rien de limité ne peut demeurer tel dans la pensée de l'âme. L'âme pense vaste. Les pensées les plus anodines ou ordinaires sont projetées sur un écran sans cadre, où elles deviennent infinies en elles-mêmes.

Je pense à l'amour, et aussitôt l'amour occupe toutes les dimensions. Son origine n'est plus localisable dans le temps, il n'a plus de fin prévisible. On pense à l'amour, et rien ni personne ne peut plus jamais nous abandonner. On pense à l'amitié, et on en est aussitôt rempli de toutes parts, comme si les choses, les maisons, les arbres, les rochers, les molécules de l'air se mettaient à nous aimer d'une tendre amitié. Il n'y a plus de frontière ni de restriction dans le centre de l'âme.

Les humains ignorent que leur aptitude à prendre conscience de la réalité est entièrement gérée par les mécanismes de la pensée. N'est-il pas vrai que nous connaissons le monde seulement par les modes de la pensée: réfléchir, analyser, planifier, se souvenir, désirer, imaginer, percevoir et ressentir? Toutefois, il est possible de connaître la conscience d'une tout autre manière que dans son mode «pensant». Alors la réalité n'est plus perçue comme une chose que nous avons pensée, mais comme la continuation et l'étendue de l'être.

Voilà exactement ce qui constitue l'origine de la spiritualité, soit l'expérience de l'âme de pure conscience.

Si quelqu'un a des pensées limitées, s'il ressent des émotions négatives, s'il est malheureux ou angoissé, c'est qu'il a perdu contact avec son âme. Autrement, il serait instantanément comblé de joie et de positivité.

L'intelligence active ne peut comprendre que des fragments, des opposés; elle ne voit, dans chaque événement, que des problèmes, des frustrations et des incompréhensions insurmontables. Mais l'âme est unifiante, et lorsqu'une pensée se présente à l'esprit, on ne peut plus la percevoir autrement qu'entourée et imprégnée de totalité.

Tout est mon âme, et ma conscience existe pleinement dans l'univers.

25
Une conscience formidable

L ORSQUE LE CORPS EST DÉTENDU, la conscience s'exprime de façon formidable. L'esprit est vif, calme, fort, et rempli de jeunesse. La spontanéité des sentiments réjouit la vie elle-même. L'intelligence est naturelle et non encombrée de concepts inutiles; la mémoire est claire et fiable; l'imagination est remplie de fantaisies d'amitié et de magie créatrice; le regard est lumineux, libre de toute peur, curieux, présent; les événements se succèdent en s'enchaînant, chacun amenant naturellement celui qui le suit, sans tension, sans coupure dramatique et sans confusion.

Voilà ce qu'est une vie vécue spontanément et en accord avec les lois naturelles. Le vent de la vie gonfle toutes grandes les voiles de l'âme, et le navire cosmique transporte les intelligences jusque dans les terres nouvelles de l'abondance.

Il n'y a aucune tension, aucun gaspillage et aucune douleur; tout est nourrissant, tout est reçu, tout est source de bonheur. Voilà ce que confère l'expérience de l'âme. Elle place la vie dans le courant naturel de l'évolution pour qu'elle connaisse davantage d'épanouissement, d'intelligence et de sagesse.

26
Les émotions dans l'âme

AVEZ-VOUS REMARQUÉ qu'à l'heure où le soleil se couche, la lumière est tellement enveloppante que tout prend la teinte qui est la sienne: les verts, comme les bleus et les rouges, sont colorés de la lumière du ciel. Tous les objets de la nature baignent dans cette lumière omniprésente du coucher de soleil.

De même, lorsque l'âme est perçue en soi, tout baigne dans la lumière originelle, et les couleurs de la vie deviennent celles de l'unique clarté.

La joie elle-même n'est qu'une des nombreuses vagues qui déferlent sur l'océan de la félicité. Tous les sentiments continuent d'être vécus puisque nous sommes humains. Le temps lui-même est apprécié à sa juste mesure puisque nous évoluons dans son cours. Les événements n'arrêtent pas de se transformer parce que l'âme est éveillée, si bien que la vie continue de rapprocher ou d'éloigner de soi les situations qui sont dans le cours normal des choses.

La vie est intensément vécue, dans un état de réceptivité totale et immédiate, puisque l'infini est totalement présent dans les vagues de sa propre existence.

Si, par exemple, la tristesse nous assaille, elle occupera tout l'espace de l'âme. Ce qui est vécu remplit toujours la personnalité qui vit ce moment. Si l'esprit est étroit, la tristesse aura les mêmes dimensions. Mais si l'esprit habite l'âme, alors la tristesse deviendra infinie, illimitée. Elle cessera instantanément d'être ce qu'elle est, pour devenir l'âme elle-même.

La tristesse, ou tout autre sentiment, sera remplie de joie sans limites, de cette même joie qui surgit naturellement du cœur de l'âme. C'est donc dire que la tristesse ne pourra plus contenir d'émotions de tristesse, car elle occupera un espace infini de joie.

> Les couleurs de la vie continueront, comme toujours, de se modifier constamment dans le prisme de la vie, mais, à cause de l'âme, rien ne pourra être en dehors de la lumière originelle, en dehors de la pure conscience.

Bientôt, il n'existe plus dans l'âme qu'une seule émotion, et c'est la joie, l'amour, la permanence, le sentiment de plénitude et de l'existence sans fin. Rien ne m'habite davantage que mon âme, et rien n'habite davantage mon âme que Dieu.

> L'âme n'a qu'une seule chose à dire dans toutes ses prières, et c'est le récit de son aventure perpétuelle. Elle n'a qu'une seule chose à exprimer dans tous ses langages, et c'est la plénitude de l'être. Elle ne peut que se décrire elle-même, elle ne peut que dire ce qu'elle est, comme l'univers ne peut que raconter l'histoire de l'univers.

Dieu parle en l'âme comme s'Il se racontait Lui-même. L'âme raconte son extraordinaire amour universel. L'âme parle de son Poète, de Celui qu'elle aime plus que tout. Elle aime l'Océan infini de la divinité et elle en aime chaque vague, infiniment.

27
La souffrance

NOUS SOMMES PLUSIEURS À SOUFFRIR en même temps sur cette planète, et nos souffrances sont reliées les unes aux autres parce que nous sommes humains. Personne ne souffre dans l'isolement complet, même si chacun se croit seul dans son univers de peine.

Si quelqu'un nous disait que la souffrance est une erreur, qu'elle peut être éliminée, effacée de nos vies, qui voudrait le croire? Nos souffrances sont transmises de génération en génération, et nous apprenons très tôt que la douleur est absolument inévitable.

Pourtant, si la transcendance nous était enseignée dès l'enfance, les possibilités de voir s'installer la souffrance dans nos vies s'évaporeraient comme neige au soleil. L'expérience de l'âme est tellement extraordinaire, et les germes de parfaite tranquillité qu'elle confère, si puissants, qu'ils sont automatiquement transportés au cœur de notre vécu quotidien.

La raison pour laquelle nous souffrons est reliée au fait que nous ignorons notre âme. Dès que l'on prend conscience de son âme, même brièvement, dès qu'on entre dans son silence, toute souffrance disparaît, emportée par cette vision. La souffrance n'est aucunement possible dans l'âme. Ceux qui affirment que Dieu a souffert pour racheter les péchés des hommes ignorent que l'âme ne peut jamais souffrir. Pas plus que l'ombre ou les ténèbres ne peuvent habiter la lumière.

L'expérience prouve que toute souffrance disparaît instantanément, en même temps que s'établit le contact avec l'âme, et ce, aussi longtemps que le contact se poursuit.

Souffrons-nous lorsque nous dormons profondément? Non, bien entendu! L'état de non-souffrance peut donc exister pour les êtres vivant sur cette terre. Si la non-souffrance existe dans le sommeil profond, elle peut aussi exister dans l'état d'éveil en silence. La souffrance ne peut se manifester en même temps que la félicité!

Poèmes de tristesse, écrits mélancoliques, épisodes histori-
ques relatant la souffrance et la violence, tout cela disparaît et
s'efface en soi en un seul instant, dès qu'on touche l'âme.

Ceux qui ont pleuré au fil des siècles peuvent enfin bercer leurs
mémoires douloureuses, sécher leurs larmes et commencer à
éprouver le plaisir total, à se réjouir sans subir les déchirures
et sans ombre venant obscurcir leur bonheur.

> Lorsque l'âme brille en nous, personne ne peut
> plus désormais s'éloigner de notre cœur et nous
> causer de la peine. Lorsque l'âme est éveillée
> dans son propre silence, rien ne peut être sous-
> trait de soi dans l'amour. Tous ceux qu'on aime
> étaient déjà en soi avant même qu'on les ren-
> contre, et ils demeureront ainsi pour toujours.

> Personne ne peut trahir notre amour; personne
> ne peut cesser de nous aimer, tout comme nous
> ne pourrons jamais non plus cesser d'aimer.
> L'unique souvenir qui restera en notre mémoire
> sera celui où nous avons le plus apprécié une
> personne.

L'amour qui est dans l'âme ne peut plus jamais être terni par des événements, des circonstances, des critiques, des reproches ou des échecs. L'appréciation de chaque être et de chaque chose est perçue directement à l'intérieur de l'éternité. Il est impossible de ne pas aimer à tout jamais; il est impossible que l'amour prenne fin et meure.

Aucune souffrance ne peut pénétrer l'âme puisque celle-ci est complète en elle-même et que rien ne peut lui enlever sa plénitude d'être. Même la disparition du corps physique ne cause aucune douleur et aucune souffrance à l'âme. Si le corps naît, l'âme s'en réjouit immensément, et lorsqu'il cesse de fonctionner, l'âme continue à vivre pleinement en dehors de cette enveloppe physique. L'âme possède son propre corps en elle-même. L'océan ne peut que se réjouir de toutes ses vagues, petites et grandes, courtes et longues, faibles ou puissantes, car il sait que leur origine, tout comme leur fin, est en lui. L'âme ne peut que se réjouir de tout, car elle connaît les intentions du divin. L'âme s'abandonne à la créativité infinie de Dieu.

La seule raison pour laquelle nous souffrons, c'est que nous ne percevons pas l'âme ni ses qualités absolues d'existence. Le contact permanent avec le silence de l'âme est entièrement chargé de présence créatrice, de jouissance, d'existence illimitée, d'intelligence pure.

28
La lumière de l'âme

A LUMIÈRE DES SOLEILS IMMENSES ne pénètre que les espaces matériels de l'univers. Celle de la masse des âmes pénètre partout, dans l'espace autant physique que spirituel. La lumière de l'âme est si subtile qu'elle peut se trouver ici ou là sans qu'elle ait jamais à se déplacer.

Pourtant, on voit les rayons qui irradient d'elle. Ils voyagent comme les vagues de l'océan, qui nous semblent aller dans toutes les directions alors qu'elles ne font que bouger dans l'océan. Car l'océan est déjà présent devant les vagues, et derrière elles, et autour d'elles, et au-dessous d'elles.

Les rayons des soleils matériels sont comme des cailloux à côté de ceux de l'âme, qui sont de sable fin.

29
Une suite d'amour

—Seigneur, parle-moi de ce qui est beau.

—Je te dis immédiatement la beauté des roses. Je te dis le vent qui passe entre les fleurs. Tu entendras un jour la voix des roses, mais tu seras charmé encore davantage par les roses exquises de la voix.

Les voix de ceux que tu aimes forment dans ton cœur un immense jardin. Elles composent des bouquets de roses inoubliables, et les pétales d'amour qui s'échappent d'elles tombent et se déposent au creux de tes mains.

Je te le dis, l'amour est l'unique beauté. S'il fallait faire le tour de l'univers, rien ne serait plus beau que d'aimer.

30
L'enseignement de la spiritualité

L N'Y A PAS SI LONGTEMPS, l'enseignement religieux paraissait le joyau le plus précieux des peuples. Mais aujourd'hui, à cause de la vision planétaire que la technologie moderne nous a conférée, les religions sont perçues comme étant parmi les causes les plus importantes de division entre les nations. De grands efforts sont tout de même investis pour minimiser les obstacles qui empêchent la cohabitation harmonieuse des diverses Églises du monde.

Il va sans dire que les conflits entre les Églises et les philoso-
phies spirituelles ne sont pas nouveaux. Il n'y a pas si longtemps
encore, on considérait comme tout à fait normal le fait de
donner sa vie pour éliminer un ennemi de la foi ou pour
repousser un impie ou un païen. Depuis la proclamation des
droits de la personne, de ceux des peuples et même des
animaux et des plantes, d'énormes changements se sont pro-
duits concernant le respect des croyances d'autrui.

Dans les générations passées, on était convaincu
que Dieu Lui-même voulait qu'on «extermine l'ennemi». Des deux côtés de la ligne de feu, on priait
donc un «Dieu différent» pour qu'il accorde la
victoire à ceux qui mettaient leur foi en Lui.

Ainsi, il était impensable que l'on dégrade une
culture religieuse. Les frontières des pays étaient
fermées aux influences étrangères, et il fallait sau-
vegarder à tout prix la pureté de l'enseignement.
On se croyait autorisé à utiliser n'importe quel
moyen pour défendre la cause la plus noble qui fût.

Quels qu'aient été les ignorances et les fanatismes, les erreurs et les exagérations ayant pu s'introduire dans un enseignement, quel qu'ait été l'éloignement de la spiritualité réelle, le système spirituel était préservé avant tout. Peu importait que les hommes continuent de souffrir, que la misère, la guerre et les abus de pouvoir continuent de sévir, il était impossible d'espérer modifier une tradition établie sans s'attendre aux pires réactions, au rejet et même, dans certains cas, à la mort.

Aucune argumentation logique ne semblait pouvoir réussir à faire changer les choses; rien ne parvenait à transformer des habitudes ainsi établies dans des formes ritualistiques. Lorsqu'une influence étrangère devenait trop menaçante, il fallait la repousser ou même la soumettre par la force si cela s'imposait, afin de la convertir à la vraie foi.

Quelle leçon pouvons-nous tirer de l'histoire de toutes les religions? En premier lieu, il faut savoir que, dès le moment où un enseignement spirituel est érigé en système, l'humain devient automatiquement prisonnier de cet enseignement et il perd de vue les aspects universels du message original.

Cela est vrai pour tous les enseignements, qu'ils soient politiques, culturels, religieux, philosophiques ou autres, même si ceux-ci sont l'expression de la plus absolue vérité. L'enseignement politique n'a pas créé davantage de fanatiques que l'enseignement religieux, philosophique ou même scientifique.

Tant et aussi longtemps que l'humain ne pratiquera pas la transcendance par le biais d'une méditation appropriée, il n'y aura aucune solution au problème de l'endoctrinement, du fanatisme ou de la violence. Car l'homme est identifié à ce qu'il est, à ce qu'il devient, à ce qu'il pense, à ce qui l'a formé! Seule l'expérience intérieure du silence profond brise l'identification psychologique par rapport à soi-même et par rapport à l'environnement qui nous a formés.

L'expérience du silence de l'âme établit graduellement la conscience dans l'infini, et le système politique, religieux ou autre «s'auto-transcende» automatiquement. Il n'existe aucune autre alternative au conditionnement inévitable dans lequel tout humain doit nécessairement évoluer, laissant ainsi la porte ouverte à un endoctrinement quelconque, fanatique ou tiède.

D'un certain point de vue, on pourrait dire que l'un des plus grands malheurs de l'humanité est d'avoir enseigné la spiritualité! Mais, vu sous un autre angle, il nous faut admettre que l'enseignement doit exister. Il est nécessaire, puisque nous sommes tous humains et que nous devons tous recevoir une certaine forme d'éducation.

Ce qui est si terrible, ce n'est finalement pas qu'on ait enseigné la spiritualité, mais qu'on n'ait montré que la surface des vagues et non l'Océan de la divinité. On n'a pas été capable de transmettre l'expérience globale de Dieu. Les religieux ont été impuissants à faire découvrir l'état de la conscience grâce auquel nous pouvons connaître l'infinité de l'âme. Car il n'y a qu'à l'intérieur de l'âme que Dieu peut être perçu en dehors des limites. À l'extérieur du silence, Dieu ne peut être perçu que par notre intellect ou par nos émotions.

La réalité spirituelle, dans sa forme pure, est comprise dans un minuscule point de silence infini. Toute autre expérience de la spiritualité est nécessairement dépendante des conditionnements du passé, elle est enfermée à l'intérieur de limites qui ne peuvent s'élargir pour pouvoir embrasser l'omniprésence de Dieu.

Si les siècles passés avaient connu la pratique de la Méditation Transcendantale, tous les enseignements spirituels auraient été glorifiés. Car chaque enseignement religieux ne prédit-il pas le temps de gloire qui lui sera donné? Mais les siècles passent, les millénaires défilent les uns à la suite des autres, et aucune véritable gloire spirituelle n'a encore été atteinte.

De grandes civilisations se sont effondrées et sont tombées en poussière, et il ne reste rien de leur religion et de leur Dieu. Ce fatal destin est aussi celui qui attend les religions actuelles, qui vont devoir passer avec le temps. Il nous est difficile d'accepter l'idée que «notre» religion va disparaître peu à peu, surtout si on l'associe à Dieu, qui ne peut être vaincu par le temps.

Afin que l'entropie cesse, il faut que l'expérience de l'âme soit enseignée dans toutes les religions. Sinon, la spiritualité va toujours continuer à dépendre des rituels, des voies suggestives ou de l'étude des textes, et l'Absolu de Dieu ne sera jamais connu.

Nous sommes la première génération à saisir pourquoi les civilisations spirituelles du passé se sont éteintes graduellement et pourquoi elles ont fini par disparaître. Jamais auparavant les humains n'avaient eu, aussi clairement que maintenant, l'explication juste de ce phénomène. Nous avons maintenant le recul intellectuel, «expérienciel» et émotionnel nécessaire pour comprendre qu'aucun enseignement spirituel basé sur une morale, sur les rituels ou les textes de la foi ne peut se perpétuer indéfiniment dans le temps ni se répandre partout. Tôt ou tard, l'inspiration qui prenait source dans les mots et dans les discours spirituels finira par se tarir, et une culture spirituelle étrangère viendra bloquer la progression d'un enseignement.

Toute société ayant grandi sur la base des préceptes de la foi et sur la pratique de rituels religieux est destinée à être remplacée. Une nouvelle vague de croyance viendra prendre la place de celle qui s'est effondrée naturellement.

Tout comme les croyants de la Mésopotamie, de l'Égypte et de la Grèce antiques, nous sommes nous aussi convaincus que le Dieu de notre foi est le véritable Dieu de l'univers. Tel est notre conditionnement: nous croyons que notre religion va durer et régner un jour sur les autres. Mais nous savons désormais que notre Dieu n'était qu'une idée que nous nous faisions de la divinité. Une idée semblable à celle que les autres humains avaient faite leur avant nous.

Tant et aussi longtemps que l'Esprit de Dieu ne sera pas perçu dans le silence transcendantal de l'âme, chaque enseignement sera inévitablement remplacé par un autre. Ainsi se gonflent, progressent et disparaissent les vagues de la vie, cependant que l'Océan de la conscience demeure éternel.

Cette fois-ci, ce n'est pas un enseignement de foi que Dieu a choisi de nous transmettre, et ce n'est pas une religion des rituels qu'Il nous invite à suivre. Le temps des rituels est révolu! Le temps des croyances religieuses est terminé! Dieu sait que les textes sacrés de toutes les religions seront complètement réinterprétés à partir de notre expérience nouvelle.

Dieu a vu que l'humain avait réussi à perpétuer des enseignements religieux, mais qu'il était néanmoins demeuré incapable de connaître la vraie spiritualité. Celle-ci faisait partout défaut, même si les enseignements sur Sa parole surabondaient dans tous les textes sacrés.

Voici venu le temps nouveau, voici qu'arrive le temps de la gloire spirituelle! La pratique de la Méditation Transcendantale épanouit notre quête de Dieu.

31
Comprendre

POUR COMPRENDRE L'AMOUR, la vie, ou quoi que ce soit d'autre, il faut être la totalité au cœur de sa conscience. Sinon, les morceaux innombrables de l'existence ne pourront être compris qu'un à la fois, selon les modes de fonctionnement de chaque intelligence. Rien n'est perçu dans son «entièreté», dans sa globalité, et l'infini est perdu.

On ne peut tirer d'un trésor que des bijoux et des objets précieux. De la mer ne peuvent monter que des vagues. Du firmament ne peuvent surgir que la lumière du jour et les ténèbres de la nuit. Toutes les parcelles de l'univers deviennent comprises dans l'âme et dans leur dimension absolue.

*La vie et la mort ne sont qu'un jeu, et l'âme est là
pour en témoigner. Le proche ou le lointain n'est
qu'un point de vue, et l'âme absorbe la totalité de
l'omniprésence. Toutes les qualités illimitées de la
vie sont en soi; elles sont vécues et comprises sur
le plan de l'infinité et non pas seulement sur celui
des idées et des concepts.*

Sans le silence de l'âme, nous ne comprenons rien, si ce n'est à l'intérieur de notre tête. Sans ce silence, nous ne vivons que des fragments qui paraissent tous étrangers, paradoxaux et éloignés les uns des autres.

*Comme il est beau de voir passer un oiseau dans
le ciel infini! Comme il est bon de savoir que c'est
la totalité de l'univers qui vole à l'intérieur de l'âme
de cet oiseau!*

Existe-t-il un autre destin que celui de l'amour infini? Les événements de la vie ne sont que des vagues, mais l'âme baigne constamment dans l'Océan de l'amour; elle touche tous les rivages simultanément. Il est impossible de comprendre l'amour si on ne fait pas l'expérience de son silence. Qui peut comprendre avec son cerveau de chair ce que c'est que d'aimer?

Sans la présence de l'âme, l'amour demeure humain, éternellement fragmenté, déchiré par ses propres paradoxes. Mais avec l'âme, l'amour touche l'infini; il exprime la pureté des sentiments, ce qui se traduit par une appréciation sans limite.

32
Nous ne sommes qu'un

CERTAINS PENSENT QU'IL Y EN A des milliards comme nous sur la planète alors qu'en réalité, nous ne sommes que quelques-uns. Nous sommes tous très proches l'un de l'autre sur le plan de l'âme, malgré les distances extérieures apparentes.

Nos âmes s'aiment énormément. Et je ne parle pas ici de l'amour dont l'objet serait une personne en particulier, et qui se manifesterait dans un lieu donné et pour un temps donné. On pourrait préférer cette personne à d'autres personnes et partager avec elle certains événements, des années ou une vie. Mais l'amour dont on parle ici est complet, total et sans brisure, pour toutes les âmes de l'univers.

Cela ne veut pas dire que celui qui connaît son âme aura un comportement identique envers chacun. Personne ne peut être l'époux ou l'épouse, ou le meilleur ami de tous les autres humains. Sur le plan de la personnalité, il existera toujours des affinités entre certains êtres.

Si quelqu'un ne parle pas notre langue, la relation entre lui et vous sera différente de celle que nous pourrions entretenir avec des proches. De même, si je ne parle pas le langage des animaux, je ne pourrai malheureusement jamais les connaître à leur propre niveau ni comprendre la manière dont ils communiquent entre eux. Il est donc tout à fait naturel que chaque humain privilégie certains types de relations.

Néanmoins, dans l'âme, chaque relation est privilégiée et considérée comme entièrement unique. L'amour de l'âme réussit à s'exprimer totalement dans tous les types de relations, un peu comme l'océan parvient à danser avec toutes les sortes de vagues. Pendant que la personnalité communique avec une autre personnalité, à son propre niveau, l'âme perçoit l'âme de l'autre; elle ne connaît en elle que l'amour et le respect. Elle ne vit que pour soigner, plaire et réjouir toutes les autres créatures. La personnalité d'un saint ressemble, au mieux, à son âme, ce qui permet, pour tous les êtres, la même qualité de relation que l'omniprésence entretient avec chaque partie de l'univers.

Nous ne sommes pas des milliards d'éléments séparés. Nous ne sommes réellement que quelques-uns sur cette planète, et il ne s'agit pas là d'un concept ou d'une fantaisie de l'imagination! Tous les humains peuvent découvrir en leur âme la montagne de silence qui les habite, les recouvre, les imprègne et les unit à la totalité de l'existence universelle.

33
L'âme et la personnalité

LORSQUE L'ÂME S'ÉVEILLE, elle pénètre à l'intérieur de la personnalité existante, sans y mettre aucun effort. Elle s'installe pour ainsi dire très délicatement, puisqu'elle est un grand silence sans limite.

L'âme peut grandir en soi pendant plusieurs années avant qu'on puisse vraiment la remarquer. Cela peut sembler curieux, mais telle est la réalité de l'expérience. L'âme s'éveille en parallèle par rapport à soi.

L'âme accepte les limites qu'elle rencontre sans manifester aucune frustration. Graduellement, elle va répandre sur toute la personnalité un parfum subtil d'harmonie.

On peut parfois se mettre à douter de sa propre croissance spirituelle, car l'intellect, les émotions et le corps sont encore prisonniers de limites étroites. Pensez à la lumière du jour lorsqu'on ouvre les rideaux le matin. Aucun des meubles n'a été déplacé, aucun bouleversement ne s'est produit, seulement, la lumière va pénétrer dans la pièce et l'illuminer complètement. Mais elle ne créera pas réellement d'action en soi.

Ainsi, lorsqu'on fait l'expérience de l'âme de silence, notre personnalité n'est pas nécessairement immédiatement transformée, mais elle peut aussi l'être. L'âme s'installe silencieusement et devient subtilement de plus en plus lumineuse, peu importe ce que nous sommes. Les mécanismes de la pensée et de la perception baignent dans la lumière de l'âme tels qu'ils sont, imparfaits et transformés tout à la fois.

Chaque degré de luminosité ajouté à l'âme transforme quelque peu la matière. Les obstacles au progrès de la normalisation du corps disparaissent petit à petit. Les voiles qui cachaient l'infinité de l'âme deviennent de plus en plus transparents.

La perception de la proximité de l'absolu produit une accélération de l'évolution. Les limites
individuelles tombent d'elles-mêmes, tout sim-
plement parce que l'illimité se tient tout près. La
personnalité de celui qui a acquis une connaissance plus intime de son âme s'imprègne de
silence intemporel. Cependant, si on regarde de
l'extérieur la personne qui a vécu l'expansion
extraordinaire de la conscience de l'âme, celle-ci
ne paraît pas changée extérieurement; elle semble encore limitée. Mais pas pour très longtemps! Car le silence continue d'entrer dans la
pièce intérieure, et bientôt tout sera illuminé.

La magie de l'illumination se produit exactement à ce moment, lorsque tout en soi s'éclaire
du silence de la pure conscience, lorsque l'âme
occupe tout son espace d'omniprésence et que
l'infini seul est partout visible. L'âme nous touche, et tout à coup, c'est le silence!

Il semble que même la personnalité d'un saint demeure la
même qu'auparavant, qu'il conserve ses goûts, ses habitudes,
qu'il aime encore certains êtres plus particulièrement. Mais il
semble aussi qu'il n'a plus ses barrières, qu'il n'est plus identifié
à sa pensée, qu'il n'aime plus de manière limitée comme nous.
Il semble également qu'un silence infini et impénétrable le
recouvre et le protège. Il semble enfin qu'il est infiniment plus
que ce qu'il paraît être de l'extérieur.

Lorsqu'on rencontre un saint, l'intellect ne peut comprendre ce que l'on ressent en sa présence. L'iceberg de la sainteté laisse voir les limites inchangées de la personnalité; mais, du même coup, l'infini sans limites semble être devenu la personnalité réelle du saint.

En fait, la cohabitation de l'infini et du fini est un million de fois plus puissante et plus mystérieuse chez l'humain que chez toute autre chose manifestée dans l'univers. Car le cosmos en entier exprime l'infini du silence de la conscience universelle.

Le saint est plus qu'une vitre transparente à travers laquelle on peut apercevoir le divin; il est le divin incarné. La personnalité du saint baigne dans la douce présence de l'âme, et tout s'éclaire. Voilà comment l'âme nous éclaire petit à petit.

Même un saint peut paraître imparfait, et il l'est, de la même manière que l'univers semble imparfait en lui-même. Mais le saint connaît l'Intelligence infinie de Dieu à l'intérieur de sa personnalité.

La route de l'illumination n'est rien d'autre qu'une familiarisation graduelle avec le dynamisme infini du silence. Lorsque toutes les activités de notre être commencent à se dérouler directement à l'intérieur du silence lui-même, on a l'impression que le silence pense nos pensées; qu'il connaît nos connaissances; qu'il regarde par nos yeux, qu'il goûte et touche par nos sens. On dirait qu'il fait entrer l'univers en soi.

34
Entrer en Dieu

L
A PÉNÉTRATION EN DIEU, dans Son esprit puis dans
Son cœur, se réalise par la pénétration de plus en plus
profonde et de plus en plus intime dans notre essence
d'être, qui est l'âme. Entrer dans l'âme, c'est disparaître soi-
même, mais sans rien perdre de soi, puisque la pure conscience demeure.

Nous avons vu qu'il n'existait pas de réelle croissance spirituelle sans l'expérience du silence infini de l'âme. Lorsque
notre silence découvre le Silence omniprésent de Dieu, l'âme
devient l'Océan de l'Âme, et Dieu cesse d'être l'objet de la
pensée ou des émotions. Dieu, que l'on aimait auparavant en
tant qu'objet d'amour, devient la pure conscience elle-même.
La goutte a atteint l'océan, et elle est devenue instantanément
l'océan.

Dieu est alors ce que nous sommes, et c'est uniquement à Lui qu'appartient le pouvoir de Se manifester dans le monde par une personnalité temporelle. Chaque saint est l'Âme de Dieu sur la terre; chaque saint est le corps de Dieu.

Seul l'humain a la capacité de connaître la félicité qui vient avec la prise de conscience de cet état de l'âme où Dieu dirige à sa place.

Le saint ne prête aucune attention à sa propre sainteté. Plus sa sainteté est grande, moins il se soucie d'elle. Elle est la transparence de son âme devant Dieu.

Dieu prend la place de la sainteté; Il la remplace par Lui-même. Voilà comment est couronnée la sainteté: Dieu enlève sa sainteté au saint et Il y place Sa divinité.

35
Pour trouver Dieu

C'EST AU CŒUR même du silence que l'on trouve Dieu.

Ce n'est pas nous-même qui dirigeons notre esprit vers Dieu, tel un capitaine qui piloterait son navire sur les flots; c'est Dieu qui attire le voyageur vers le silence de l'âme. Le mouvement de l'esprit vers le silence ne résiste à rien et ne refuse rien; il obéit même aux tendances qui s'exercent dans des directions qui lui sont opposées. L'eau de la mer ne vient-elle pas à bout des plus durs escarpements de rochers et ne les use-t-elle pas jusqu'à ce qu'ils deviennent du sable fin?

La force d'attraction que l'Esprit cosmique de Dieu exerce sur les mouvements de l'intelligence est quasi imperceptible; néanmoins, elle existe éternellement. L'intelligence veut, en quelque sorte, se laisser tomber dans la délicate et omniprésente force de gravité qui l'attire vers son propre état de tranquillité absolue.

La tranquillité de l'âme est pure félicité; elle renferme toutes les qualités de l'Intelligence de Dieu. Pour chercher Dieu directement, il suffit d'une seule action essentielle: celle qui consiste à fermer les yeux dans la Méditation transcendantale. Le silence est inévitable lorsqu'on s'engage sur cette voie de l'innocence totale.

Dieu se trouve en soi à l'intérieur de ce silence de l'âme. Il y est de manière permanente; il y est tout entier. L'univers lui-même s'y trouve aussi éternellement.

La réalité de l'expérience de transcendance nous montre que rien ne manque dans le silence: le dynamisme de l'universelle existence et celui de chacune des individualités y sont contenus entièrement.

Méditer, c'est entrer délicieusement dans la pure conscience, c'est quitter graduellement le monde des formes et des perceptions, tant intérieures et subjectives qu'extérieures et objectives. C'est quitter toute pensée pour découvrir la conscience en elle-même, celle qui est dénuée d'images et d'activités. Être uni à tout, c'est entrer dans la solitude omniprésente, c'est sortir de tout ce que nous ne sommes pas, pour devenir la totalité.

Une personne sourde et aveugle ne pourrait participer aux rituels des Églises ni comprendre les discours et les paroles divines que pourraient révéler les langages humains; mais elle pourrait facilement méditer et trouver ainsi Dieu totalement, dans le silence de son âme!

Voilà où prennent fin les prières individuelles et où débute celle de l'âme. Voilà où s'arrêtent tous les conflits engendrés par les mots. Voilà que, dans le silence, débute l'amour, qui est la nudité la plus grande.

Le saint ne sait rien d'autre que l'infini. Le saint n'a plus rien à imposer à quiconque. Il ignore sa propre croyance, car il est absorbé par le silence qui le rend infiniment semblable à tous les autres. Cela est l'Être, la pure conscience, l'existence infinie, la source, l'origine, le Dieu unique et sans nom.

Le silence est le plus purifiant de tous les actes. Il écarte tout ce qui est le bruit; en lui-même, il révèle, dans sa plus totale solitude de pureté, sa propre nature infinie.

Le silence de l'âme est béatitude; il est paix, ordre sans fin, intelligence infinie; il est union à la totalité, amour embrassant tout; il est l'origine, le cours et la fin de toute existence; il est omniprésent, omniscient et omnipotent; il est le créateur de tout et il est tout puisque rien ne peut exister sans l'infini; il est l'au-delà et l'en deçà; il est l'opposé et l'autre bout de tout; il est le dedans et le dehors de tout; il est ici et ailleurs; il est soi et autre que soi; il est formidable, merveilleux, radieux, suprême; il est proche, intime et si facile d'accès; il connaît tout et ignore tout; il est la pure connaissance et l'ignorance totale, là où il n'y a pas besoin de connaître pour savoir; il est la totalité et l'infiniment petit; il est l'esprit et la matière; il est cela et ceci; il est la totalité et la somme des totalités. Il précède tout, il accompagne tout, mais il n'est rien de tout cela non plus.

Le silence est innommable, insondable, incalculable. Il est notre propre souffle, notre être, notre existence, notre âme, notre cœur, notre conscience, notre existence. Le silence est Dieu. Voilà ce que je sais.

36
Entre l'âme et Dieu

IEU EST L'OCÉAN de la conscience infinie; l'âme est une vague qui sait qu'elle est l'Océan. Qui connaît l'Océan est l'Océan. Dieu, dans la vague, est Dieu dans l'Océan. L'Océan est en chaque vague, et chaque vague n'est rien d'autre que l'Océan. L'un est la limite de l'autre et son mouvement. L'âme est la manifestation de l'Océan illimité.

En procédant par analogie, on peut dire que Dieu est l'origine de toutes les vagues; mais Dieu a mis Sa propre conscience à l'intérieur de chacune des vagues qui peut dès lors reconnaître cette origine. Une vague qui ne se connaît pas en tant qu'état inactif ne peut savoir ce qu'est l'Océan. De même, l'homme qui ne connaît pas l'âme ne connaît pas l'illimité de Dieu. Il ne peut connaître Dieu que d'une manière finie, et jamais dans l'omni-présence de sa pure conscience.

Le mystère de la vie est facile à élucider; non pas avec l'intellect pris de façon isolée, mais en se référant à l'expérience de cette relation sublime qui existe entre l'individualité et l'universalité, entre la conscience humaine, l'âme humaine et la conscience universelle, qui est l'Âme divine. L'existence humaine est l'Existence divine en action.

Ici, on peut apprécier les grands sages et les prophètes divins. Ceux-là mêmes qui, à l'intérieur de leurs limites corporelles, de leur personnalité et de leur culture particulière, vivaient l'intemporalité, l'infini et l'immortalité tout en bénéficiant des possibilités de la conscience universelle. Non pas que leurs limites individuelles aient toujours rendu manifeste la totalité des possibilités du divin, mais l'infini était vécu au cœur de leur être d'une façon simple et impossible à mesurer.

Voilà ce que chaque particule d'existence proclame lorsque la réalité de l'âme est perçue. Nous sommes privilégiés, en tant qu'humains, de posséder cette intelligence qui nous permet de retrouver la conscience universelle et de la rendre manifeste à l'intérieur de nos limites personnelles. Voilà la réelle gloire de la vie humaine et voilà ce qu'est la prière de l'âme. Elle manifeste son existence dans toutes les circonstances de la vie universelle.

Si l'homme ignore son propre silence, alors il s'élance vers un absolu «inatteignable», dont il a parfois l'intuition, qu'il comprend presque, mais qui fuit sans cesse au-devant de lui.

L'âme en soi se met à contempler l'Âme de Dieu et elle en admire l'immensité absolue. Mais bientôt, elle s'approchera de plus en plus de l'objet de son amour, qui lui paraît tellement plus grand qu'elle. Et en s'unissant à Lui, elle va découvrir qu'elle est cette même totalité, que la totalité est sa propre existence.

En même temps que l'âme individuelle prend conscience qu'elle est l'Âme cosmique, cette dernière découvre qu'elle est l'âme individuelle. C'est comme si un miroir infini s'amusait à créer d'autres miroirs dans lesquels le premier se projetterait. Le moindre fragment de miroir placé devant le miroir originel représenterait, dans sa limite propre, la totalité du miroir infini. L'un et l'autre auraient, pour ainsi dire, une dimension pareille puisqu'ils ne refléteraient qu'une seule et même réalité. Le miroir infini est tout entier contenu dans le fragment de miroir.

Ainsi, l'âme individuelle connaît Dieu dans sa propre intimité. Ainsi, elle jouit des qualités, des pouvoirs et de l'intelligence de Dieu, qui crée en elle et par elle.

Il est vrai de dire que le fragment de miroir n'a pas créé le miroir originel. C'est le contraire qui s'est produit. Mais lorsque ce fragment s'abandonne à l'image qui se reflète sur lui, il devient chaque fois le miroir infini en lui-même.

L'âme individuelle est tout à la fois celle qui a créé l'infini et celle qui a été créée par l'infini. Cela est possible parce que la totalité est pure conscience. Tous les Océans sont faits de la même eau, et toutes les consciences individuelles sont faites de conscience!

À ce niveau, l'union entre l'existence et l'Existence est tellement intime qu'on ne peut plus séparer la réalité spirituelle entre le tout et les parties. Les parties ne sont que le tout en fluctuation, et le tout existe en chaque partie, totalement.

On croit que la matière est bien différente de l'âme, on croit qu'elle est loin de l'Esprit, mais il n'y a qu'une seule réalité ultime: la matière est l'infini rendu visible. Ce qui lie les choses entre elles, c'est l'âme, cette pure conscience, cette réalité ultime et l'unique réalité perçue par les sages qui voient au-delà des apparences.

Dieu parle à nos cœurs : «Ne t'ai-Je pas donné un maître de sagesse pour guider tes pas? Ne t'ai-Je pas donné les plus grandes amitiés, celles qui vont te surprendre dans leur durée d'éternité? Ne t'ai-Je pas donné l'amour. Maintenant, vois et contemple : Tu n'as qu'à désirer en Mon cœur, et cela sera Mon désir.»

37
Un coin de paradis

L'ÂME EST LE PARADIS DE DIEU. Lorsque l'âme brille de par son éveil, le paradis se trouve exactement là où l'âme se trouve.

Il y a dans l'univers des lieux où l'ordre et l'harmonie règnent sans fin. Dans ces endroits, tout n'est que lumière et sérénité. Les âmes pures et les sages désincarnés y méditent pour atteindre la perfection. Dieu se manifeste dans ces lieux célestes; Il apparaît sous sa forme visible aux regards de ceux qui L'aiment. Les anges qui parcourent ces espaces merveilleux vivent sans restriction dans des corps parfaits.

Il existe dans l'univers des milliards de lieux super-
bes, comblés de la beauté associée à tous les phé-
nomènes de la nature. Ici même sur la terre, et
n'importe où ailleurs, on pourrait se retrouver au
cœur d'un des nombreux paradis créés par Dieu.
En réalité, tout est tellement beau, même le vide
interstellaire, même les dunes de sable ondulant à
perte de vue, même la mer et même les atomes, que
l'univers entier est un infini paradis de beauté.

L'âme contient tous ces paradis à la fois. Il n'y a qu'en elle que
Dieu exprime sa nature complète. En réalité, l'univers entier
est contenu dans une fraction infinitésimale de l'âme. Le reste
de l'espace incommensurable de l'âme est habité par l'Esprit
de Dieu; il est réservé à la jouissance sans limites de l'être et à
la béatitude insondable.

L'âme est le seul paradis. La preuve, c'est que sans
l'âme, tout lieu peut être perçu dans la douleur.
Sans la perception naturelle de l'âme, nous pourrions être placés à côté de Dieu que nous L'ignore-
rions totalement.

À chaque instant de notre existence, nous sommes placés immédiatement au cœur de Dieu et nous L'ignorons. Nous sommes en permanence au paradis, mais nous vivons, individuellement et collectivement, dans la détresse totale et dans les souffrances innombrables de nos misères humaines.

Aucun lieu paradisiaque n'est à l'extérieur de notre âme!

38
Penser à Dieu

L A PENSÉE DE DIEU peut nous satisfaire pendant de nombreuses années; mais un jour vient, inévitablement, où la douleur causée par notre éloignement de Dieu devient aiguë, même au centre des conditionnements de notre foi et indépendamment de nos habitudes religieuses.

C'est l'être entier qui souffre du manque de Dieu, en dépit de la proximité de la pensée qui se donne à Lui avec force et conviction. La foi elle-même devient malade d'une souffrance inexprimable, et ce, malgré le fait que l'idée de Dieu occupe tout l'esprit de surface et toutes les émotions intérieures.

Quiconque ignore la transcendance de sa pensée connaîtra tôt ou tard la douleur reliée au manque de Dieu, une douleur qui l'aura envahi très lentement. Il devra ressentir cette peine qui lui est sous-jacente. Sinon, il lui faudra continuer à dessiner des océans sur les murs de son intérieur psychologique et se contenter d'imaginer les vagues plutôt que de s'y baigner. Il devra aussi redoubler d'ardeur pour renforcer sa foi dans ses convictions mentales. C'est ce genre de personne qui affirmera que le contact avec Dieu représente une douleur extrême venant affliger sa foi.

L'union à Dieu par la pensée rencontrera tôt ou tard sa limite dans le temps. L'union à Dieu par les sentiments ou par l'attisement de la dévotion, ou encore celle que l'on attend de la pratique des rituels ou des prières apprises, et même celle qui est censée découler de l'œuvre de charité ou du service d'obéissance, tout cela rencontre un jour sa limite dans le temps. Mais, au terme de tous ces efforts de quête divine, le cœur ressort profondément et subtilement douloureux dans la paradoxale intention de joie qui doit venir de se donner à Dieu complètement.

Tous ces modes de connaissance de Dieu sont incomplets, en plus d'être désolants et douloureux. Comme nous l'avons vu plus tôt, l'unité réelle est cachée loin sous les comportements visibles. Elle est située loin au-dessous de la pensée qui voudrait continuer à penser à Dieu. En réalité, c'est au moment où la pensée se tait complètement et où l'esprit entre dans le silence, en d'autres termes, c'est lorsque nous n'avons plus conscience de penser que notre âme devient l'hôte de son Dieu.

Cette connaissance de Dieu se fait par contact direct. C'est l'union des silences: deux océans de silence s'embrassent et se fondent l'un dans l'autre. Ce silence n'est pas celui des lieux situés à l'abri des bruits extérieurs. Ce n'est pas le résultat d'une capacité sensorielle diminuée par la fatigue, ni le silence associé à l'état de sommeil profond. Ce n'est pas non plus celui de la solitude ou de l'isolement, ni celui que la pensée émotive ou pieuse recherche ou imagine.

Ce silence est celui qui se situe au-delà de toute pensée, celui de la totale inconscience de soi mais de la pleine et totale conscience de l'Être infini. Lorsque l'esprit s'arrête de lui-même pour s'adonner au repos, le silence s'installe; l'âme s'unit alors à l'Âme cosmique universelle de Dieu. Notre propre conscience s'éteint, et nous découvrons la pure conscience qui préexistait à notre existence individuelle. Voilà ce qu'est l'union avec Dieu dans le silence éternel, voilà ce qu'est l'Océan sans limites de la pure conscience.

C'est la communion de l'âme avec celle de Dieu; c'est l'adoration! Le souffle du corps devient suspendu; le corps est retenu dans le silence parfait de la vie parfaite. L'esprit intérieur ne sait plus qu'il existe en tant qu'individualité. Il n'y a qu'une seule réalité, qu'une infinie conscience, qu'un océan de pure intelligence sans limite, que Dieu en Dieu, éternellement.

Plus nous nous approchons de notre intérieur, plus vraie devient la connaissance de Dieu, et plus petit devient notre attachement aux rituels de la pensée. Notre foi devient omniprésente, et elle s'identifie à la foi de toutes les créatures, au cœur de leur existence. Nous délaissons les vagues pour entrer dans l'océan de la dévotion, qui est un silence sans conviction et sans mots, un silence sans idée de Dieu.

Mais, pour des milliards d'humains, penser à Dieu et le désirer pieusement a été la seule possibilité spirituelle. La douleur de la séparation est restée trop souvent ignorée, enfouie dans l'inconscient de l'être; ou bien elle a été leur angoisse d'exister et leur espoir de salut.

L'union à Dieu est pourtant si simple. Elle est celle de la transcendance, par-delà la pensée!

39
Dans le lotus de mon cœur

Je désire Te remercier, Seigneur, de toute l'abondance que Tu m'as fait connaître.

Mon âme s'incline devant la Tienne, immortelle, infinie et comblée de merveilles.

Je Te prie de toujours m'offrir Ton amour, de toujours m'accorder Tes grâces.

Puis-je toujours être au service de Ta bonté.

Jai Guru Dev

On peut écrire à l'auteur à l'adresse suivante :

Roger Bouchard
1102, boul. Orléans
Orléans (Ontario)
Canada K1C 2V9

ou le joindre au : (613) 837-6885.

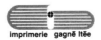
imprimerie gagné ltée